U0463825

大器必成

胖东来

的美好企业之路

黄伟芳○著

团结出版社

图书在版编目（CIP）数据

大器必成 / 黄伟芳著 . -- 北京 : 团结出版社 , 2024.8.
-- ISBN 978-7-5234-1014-1

Ⅰ . F724.2-49

中国国家版本馆 CIP 数据核字第 202441ET93 号

出　　版：团结出版社
　　　　　（北京市东城区东皇城根南街84号　邮编：100006）
电　　话：（010）65228880　65244790
网　　址：http://www.tjpress.com
E-mail：zb65244790@vip.163.com
经　　销：全国新华书店
印　　装：三河市华东印刷有限公司

开　　本：140mm×210mm　　32开
印　　张：7.25
字　　数：190千字
版　　次：2024年8月第1版
印　　次：2024年8月第1次印刷

书　　号：978-7-5234-1014-1
定　　价：59.00元
（版权所属，盗版必究）

丛 书 序

为标杆企业立传塑魂

在我们一生中，总会遇到那么一个人，用自己的智慧之光、精神之光，点亮我们的人生之路。

我从事企业传记写作、出版15年，采访过几百位企业家，每次访谈我通常会问两个问题："你受谁的影响最大？哪本书令你受益匪浅？"

绝大多数企业家给出的答案，都是某个著名企业家或企业传记作品令他终身受益，改变命运。

商业改变世界，传记启迪人生。可以说，企业家都深受前辈企业家传记的影响，他们以偶像为标杆，完成自我认知、自我突破、自我进化，在对标中寻找坐标，在蜕变中加速成长。

人们常说，选择比努力更重要，而选择正确与否取决于认知。决定人生命运的关键选择就那么几次，大多数人不具备做出关键抉择的正确认知，然后要花很多年为当初的错误决定买单。对于创业者、管理者来说，阅读成功企业家传记是形成方法论、构建学习力、完成认知跃迁的最佳途径，且越早越好。

无论个人还是企业，不同的个体、组织有不同的基因和命运。对于个人来说，要有思想、灵魂，才能活得明白，获得成功。对于企业而言，要有愿景、使命、价值观，才能做大做强，基业长青。

世间万物，皆有"灵魂"。每个企业诞生时都有初心和梦想，但发展壮大以后就容易被忽视。

企业的灵魂人物是创始人，他给企业创造的最大财富是企业家精神。

管理的核心是管理愿景、使命、价值观，我们通常概括为企业文化。

有远见的企业家重视"灵魂"，其中效率最高、成本最低的方式是写作企业家传记和企业史。企业家传记可以重塑企业家精神，企业史可以提炼企业文化。以史为鉴，回顾和总结历史，是为了创造新的历史。

"立德、立功、立言"，这是儒家追求，也是人生大道。

在过去10余年间，我所创办的润商文化秉承"以史明道，以道润商"的使命，会聚一大批专家学者、财经作家、媒体精英，专注于企业传记定制出版和传播服务，为标杆企业立传塑魂。我们为华润、招商局、通用技术、美的、阿里巴巴、用友、卓尔、光威等数十家著名企业提供企业史、企业家传记的创作与出版定制服务。我们还策划出版了全球商业史系列、世界财富家族系列、中国著名企业家传记系列等100多部具有影响力的图书作品，畅销中国（含港澳台地区）及日本、韩国等海外市场，堪称最了解中国本土企业实践和理论体系、精神文化的知识服务机构之一。

出于重塑企业家精神、构建商业文明的专业精神和时代使命，2019年初，润商文化与团结出版社、曙光书阁强强联手，共同启动中国标杆企业和优秀企业家的学术研究和出版工程。三年来，为了持续打造高标准、高品质的精品图书，我们邀请业内知名财经作家组建创作团队，进行专题研究和写作，陆续出版了任正非、段永平、马云、雷军、董明珠、王兴、王卫、杜国楹等著名企业家的20多部传记、经管类图书，面世以后深受读者欢迎，一版再版。

今后，我们将继续推出一大批代表新技术、新产业、新业态和新模式的标杆企业的传记作品，通过对创业、发展与转型路径的叙述、梳理与总结，为读者拆解企业家的成事密码，提供精神养分与奋斗能量。当然，我们还会聚焦更多优秀企业家，为企业家立言，为企业立命，为中国商业立标杆。

一直以来，我们致力于为有思想的企业提升价值，为有价值的企业传播思想。作为中国商业的观察者、记录者、传播者，我们将聚焦于更多标杆企业、行业龙头、区域领导品牌、高成长型创新公司等有价值的企业，重塑企业家精神，传播企业品牌价值，推动中国商业进步。

通过对标杆企业和优秀企业家的研究创作和出版工程，我们意在为更多企业家、创业者、管理者提供前行的智慧和力量，为读者在喧嚣浮华的时代打开一扇希望之窗：

在这个美好时代，每个人都可以通过奋斗和努力，成为想成为的那个自己。

企业史作家、企业家传记策划人、主编

推荐序

把成功与失败进行淋漓尽致的总结

在总结任正非成功经验的时候，人们发现了这四句话：行万里路，读万卷书，与万人谈，做一件事。所谓的"与万人谈"，就是任正非阅读大量世界上成功企业的发展历史的书籍。他一有机会就与这些公司的董事长、总经理当面进行交流请教，并把这些成功的经验用于华为的运营，这就使得华为也成为一个成功的企业。

在过去的十余年间，润商文化长期致力于系统研究中外成功的企业家，会集了一大批专业人士创作关于成功企业家的传记——著名企业家传记丛书。这是一件非常有意义的事情，这让"与万人谈"成为一件很容易的事。同时，这使得大家都能够从中了解到——这些企业家为什么成功？自己能从中学到什么？

因此，我觉得润商文化的这项工作是功德无量的。这些成功的企业家，就是中国经济史上一个个值得称颂的榜样。

湖北省统计局原副局长

民进中央特约研究员

叶青

前　言

从来没有一家超市，把"爱和自由"当作企业信仰：爱员工，把加班视为不道德，为了让员工好好休息，宁愿每周二闭店、春节休假，员工受委屈了有"委屈奖"，员工不开心了可以休"不开心假"；爱顾客，三年前买的被单拆封后发现问题也可以退换，商品标出进价、毛利率，绝不多赚钱，下雪了给顾客扫雪，下雨了给顾客打伞；爱社会，为周边店铺交电费，为清洁工建爱心驿站，汶川大地震发生后，组建志愿队深入灾区抢险救灾，河南水灾时为受灾群众免费提供水和食物。

从来没有一家超市，生意火爆到老板愁得直挠头：买茶叶要实名制排号，爆款银饰刚一开门就被抢购一空，买网红大月饼的人凌晨四五点就排起长龙，新店开业一小时就因为人流超限不得不暂时关店。

从来没有一家超市，在"关店潮"之下还能逆势增长：消费观念的变迁、电商和新零售的高速发展，使整个传统超市行业都陷入低迷状态，许多零售企业不得不关闭门店，断臂求生，而这家超市的老板却说：2023年计划挣2000万，没想到年底挣了1.4亿。

从来没有一家超市，甘愿偏居一隅，拒绝走向全国：创业30年，一直坚守许昌、新乡两块根据地，不愿意向外扩张，不愿意做大做强，甚至在高速发展期大面积关店，只因大规模扩张会让员工不幸福，会让自己不快乐。

从来没有一家超市，主动帮助同行甚至竞争对手复制自己：公开所有经营秘诀，无私分享知识体系，为身处泥潭中的同行问诊开方，甚至让高管团队亲自操刀这些企业的调改，却分文不取、食宿自理，只为了传播美好，让更多企业走向健康和幸福。

从来没有一家超市，以一己之力带动了一座城的崛起：因为火爆出圈，来自五湖四海的游客慕名来到许昌体验服务，大巴车一辆接一辆地开过来，郑许线 85% 以上的乘客为这家超市而来，带动了许昌"吃住行游购娱"各种业态的消费，为当地市场的蓬勃发展做出了巨大的贡献。

这家超市，就是胖东来。

从一家小小的杂货铺子到拥有多家门店的区域零售企业，胖东来一直坚持于东来在 1998 年的一场大火后许下的初心——"用真品换真心"，他们把零售做成了另一种范式，以爱为根本，以善良为底色，不耍心眼，不谋暴利，不以对手为对手，不把价格当武器，不以流量作砝码，真诚坦荡，敞开胸怀，拥抱员工、顾客和合作伙伴，以利他成就美好，用商业传递幸福。

王阳明曾说过一句名言："初种根时，只管栽培灌溉，勿作枝想，勿作叶想，勿作花想，勿作实想。"此言喻示着，一切丰硕成果，皆源于深植的"根"。本书正是秉承此道，沿着时间的脉络，追寻胖东来的发展轨迹，深入挖掘其创始人于东来的内心世界，探究胖东来是如何成长至今日的枝繁叶茂。

本书不仅是一部企业的发展史，更是一个企业家精神力量的展现，同时也是对于胖东来创始人于东来先生非凡的商业智慧的一次致敬。他让我们明白，真正重要的不是改变世界，而是改善世界，即使是最平凡的人，用至真至善的心也可以幸福万千人，让世界更美好。

目　录

第七章 共赢：以心为本，做幸福企业

第八章 传道：授业解惑，让胖东来学得会

附录

第一章

觉醒：混沌中了悟商业本质

　　人生没有白走的路，正是因为急功近利走了这么多弯路，他才真正省悟到做人、做企业的真谛："不管做什么，都应该脚踏实地、一步一个脚印地去做，不能急功近利，更不能贪心，不是自己的东西坚决不能要！"

　　后来，在总结自己创业初期的经营方法时，于东来说："当时也没有特别多的想法，只是总结了以前所走弯路的经验和教训，真诚对待顾客，灵活地经营，质量有保证，不欺骗顾客，价格又低，不知不觉，生意就红火起来了。

混沌的日子

艺术家将自己的情感和精神注入作品，作品因此拥有了生命的力量，展现出直击灵魂之美。企业是企业家的作品，一家企业之所以成为独一无二的存在，也是因为创造它的企业家将自己的思想、理念、智慧乃至对世界的认知融入其中，为其烙上独特的印记。可以说，一家企业的特质，是企业家性格与思想的延伸，是其内心世界和精神力量的外在体现。因此，我们要探索胖东来为什么能成为出圈又出彩的现象级企业，先要从它的创造者于东来说起。

"我是从1990年开始做生意的，刚开始起起伏伏不懂什么是底线，也经历过失败，背井离乡，很辛苦，最终还负债几十万，这个过程很痛苦。"追忆往昔，于东来曾如是说。寥寥数语，如同一扇窗，让我们一窥于东来创业之始的艰难与辛酸。

于东来的创业之旅，的确是一场穿越荆棘的征途。出身贫寒的于东来初中就辍学到社会上讨生活。为了赚钱养家，他到处找工作，但因为年纪小、学历低，四处碰壁。没办法，他只能做一些卖冰棒之类的小本生意。他面子薄，怕被以前的同学看见，就骑着自行车到几十公里外的邻县去叫卖。那时，他每天起早贪黑，走街串巷，也不觉得累。只是，每天晚上回家数数兜里的钱，他总是烦闷不已：辛苦一天，赚来的钱实在是少得可怜！

当时是20世纪80年代，中国刚刚拉开改革开放的帷幕，虽然经济正在经历深刻的转型，但与今天相比，赚钱的途径仍然非常有限。渴望一夜暴富的于东来，遇到任何可以赚钱的机会都会去尝试，有时甚至游走在灰色地带，这为他后来的人生困境埋下了伏笔。

1982 年，电影《少林寺》的上映在中国引起了巨大的轰动，全国各地的人们争先恐后地前往电影院观看。于东来发现，电影票的市场需求远远超过了供应，他感觉到这是一个商机，于是脑筋一转当起了"黄牛"，开始倒卖起电影票。比起以前做小买卖，倒卖电影票赚的钱多一些，但这毕竟不是正经门路，一不小心就会被电影院保卫科的人抓住，接下来迎接他的就是劈头一顿痛骂，有时甚至还会挨一通打。

这样的日子也没有持续多久，随着电影热潮的退去，于东来又没了活计，只好再次倒腾起小买卖，偶尔打打零工。有一次，他在家人的介绍下到西安的一个建筑工地做临时工，辛辛苦苦干了两个月，马上就要发工钱了，包工头却卷款跑路了。那一刻，他真是欲哭无泪。

就这样在社会上摸爬滚打了两年，于东来还是两手空空，一无所获。那两年，他走在路上遇到熟人，都会悄悄地躲起来，生怕别人嘲笑他。

眼看着他一直"打流儿"，父母心急如焚，东央西告把他送进了许昌当地的一家橡胶厂。从一个无业游民摇身一变成为国营工厂的工人，对于于东来来说简直是"飞上枝头变凤凰"，"我不再是待业青年了，那种高兴的心情真的是没法提啦！因为在当时那个年代，有了工作，就意味着有了依靠，有了面子，也有了希望，以后不管是挣钱啊，还是找对象啊，都容易多了。"[1]

于东来知道这工作来之不易，干起活来不惜力，又用心。一线操作工要负责洗胶、粗碎、细碎、筛选等一系列繁琐的工作，但于东来只用了很短的时间就熟练掌握了这套流程，并且做得非常出色——他操作着几吨重的滚子机器，动作精准而流畅，误差不超过一毫米。

---

[1] 于东来. 脚踏实地不赚快钱 [J]. 现代营销（上旬刊），2016（12）：56-57.

因为业务技能强又肯卖力，于东来很快就在车间脱颖而出，成为骨干力量。当时的厂领导对他非常欣赏，先是把他提拔为班长，后来又让他做工段长，管理 130 多个工人。于东来感觉日子越过越有劲，心里萌发出了一个前所未有的想法："一定要好好努力，争取以后当上生产副厂长，把厂子建设得又整洁又漂亮，让工人们在工作的时候也能得到美的享受！"[1]

就在他以为自己面前是一片坦途时，厄运却悄无声息地降临了：原来的厂领导被调走了，新上任的领导对厂里进行了改革，干部体系也随之变动，他被调整下来了！这下子，不但当副厂长的美梦成为幻影，就连工段长也当不成了！

于东来不甘心，更想不通：论工作，自己比谁都拼命；论管理，他管理的工段不但效率高，更没出过安全事故。怎么就把他给调整下来了？一气之下，他去找领导"要个说法"，谁知领导要么避而不见，要么含糊其辞。

申诉无望的于东来深受打击，感觉人生似乎在一瞬间失去了方向，自己仿佛是置身于茫茫大海中的一叶孤舟，只能任由风浪摆布。从那之后，他开始混日子，过一天是一天，再也不复往日的上进、努力。

混沌让人沉沦，那段时间，这个曾经充满斗志的青年，每天流连于麻将桌、酒桌，他沉迷于这些短暂的快乐，试图用它们来麻痹自己的神经，逃避残酷的现实。然而，这种逃避并不能真正解决问题，反而让他越陷越深。每一次下注，他都像是在和命运做一场赌博，渴望着能够一夜暴富，摆脱现实的束缚。然而，命运似乎并不眷顾他，他输掉的不仅仅是金钱，更是自己的尊严。

在橡胶厂的这段经历，让于东来深切感受到了公平公正的环境对于企业的重要意义，后来，他曾在一篇文章中这样总结："只有给员工

---

[1] 于东来. 脚踏实地不赚快钱 [J]. 现代营销 (上旬刊)，2016 (12)：56-57.

公平的、平等的、奖惩分明的环境，让所有人都能参与到竞争中，让人与人之间竞争起来，班与班之间竞争起来，工段与工段之间竞争起来，他们才更愿意投入到工作中，他们会觉得再苦再累也值得。想一想，谁不想多挣钱？谁不想让自己的生活过得更好？谁不想自己的努力能得到应有的回报？"[1]

或许正是因为曾经遭受过不公，于东来才会将"公平"作为胖东来的重要理念，并坚持公正公平地对待每一位员工。

---

[1] 于东来.脚踏实地不赚快钱 [J].现代营销（上旬刊），2016（12）：56-57.

总想赚快钱的人，往往在走弯路

混沌的日子一直持续到1990年，这一年，于东来终于下决心重拾过去的斗志和希望。他对于改变的渴望，如同森林中迷失的旅者对归途的向往。然而，对赚钱的渴求和对未来的迷茫，使他在寻找出路时，不自觉地偏离了正途，走上了一条充满诱惑却危险重重的弯路。

在这之前一年，于东来的哥哥于东明在许昌人民路开了一家烟酒店。因为诚实守信、勤劳肯干，这家店口碑越来越好，成了远近闻名的"胖子店"，一年时间里，规模不断扩大。看到于东来在橡胶厂一直混日子，哥哥建议他也开一家烟酒店，货源不用愁，就从"胖子店"拉货就行。

于东来心动了，可是，心动是一回事，行动是另一回事。虽说于东来过去就做过小买卖，可那是实在找不到工作时的无奈选择。今时不同往日，主动扔掉国营工厂的"铁饭碗"，谈何容易！经过很长一段时间的思想挣扎后，于东来最终做出了决定：下海！

就这样，1990年，在橡胶厂家属院门口的一个不足六平方米的临时窝棚里，于东来开起了自己的小店。当时，于东来的野心并不大，"最大的心愿是能存500块钱"[1]。

一个人心里只要有了盼头，不管做什么都有干劲。为了早一些攒到500块钱，于东来废寝忘食地干。每天早上，天还没亮，他就骑着三

---

[1] 于东来. 脚踏实地不赚快钱[J]. 现代营销（上旬刊），2016（12）：56-57.

轮车到哥哥的"胖子店"拉货。冬天的清晨,寒风呼啸着,吹在他的身上就好像刀割一样,但他只要一想到能赚到钱,就觉得开心。

因为服务好、嘴巴甜、东西便宜,于东来的小店很快就得到了周边邻居的认可,前来买东西的人络绎不绝。一个月下来,一盘点,竟然足足赚了三千多块钱,这可让他心里乐开了花。

尝到甜头后,于东来的赚钱欲望越发高涨。而欲望太多,就成了贪婪。当一个人的内心被贪婪占据时,他的双眼就会被蒙蔽,看不清摆在自己面前的是馅饼还是陷阱。正因为如此,当一个自称"有门道"的陌生男人找上门来,说手里有10件许昌烟,可以以超低价卖给他时,于东来马上一口答应下来,丝毫都没犹豫。

于东来一向脑瓜子转得快,他在心里悄悄算了一笔账:一件烟是50条,那个男人给他的价格是每条烟比正常进货价便宜2块钱,也就是说,就这一笔生意,就能让他多赚1000块钱!于东来越想越兴奋,可是,他手头没这么多钱,于是,店也不开了,心急火燎地到"胖子店"去找哥哥借钱。

晚上,于东来和一个表弟聊起这笔生意,觉得自己真是走了大运,竟然遇到这样的好事。表弟觉得这事非常可疑:天上哪能掉馅饼,这烟不会是偷的吧?表弟这么一说,于东来的心里也起了疑心,不过,一想到只要转手卖出去就能赚一千多,就什么也顾不上了。

这天深夜,那个男人果然用架子车把烟送来了,开箱,验货,交钱……一切都很顺利。到了第二天,于东来很快就把烟批发出去了,仍然很顺利。回家的路上,于东来捏着口袋里厚厚的一沓钱,心里高兴极了,忍不住哼起了歌。

可是,走到店门口,他才发现自己高兴得太早了——一辆警车呼啸着开到他面前,几个警察给他铐上手铐,把他推进警车里,带到了派出所。原来,那10件烟真的是偷来的,于东来涉嫌销赃,被关进了拘留所。

后来,于东来在自述中将这段时间的经历总结为"三起三落",

而这次就是他第一次进拘留所。

关在拘留所里的于东来终于冷静下来，他看着灰色的墙壁、昏暗的灯光，感觉压抑极了，心想："出去以后，就是做牛做马，我也不愿在这里多呆一会儿，失去过自由的人才能感受到，有自由比什么都好。"[1]

得知他"进去"后，家里人急得如同热锅上的蚂蚁，于东来的哥哥更是懊悔不已：要是不借钱给他，也就没这档子事了！所幸，因为是初犯，又是无心的，于东来被取保候审，重获自由。

不过，虽然人被放了，他的店却因为销赃被查封了。看着门上的封条，于东来难受得直掉眼泪。哥哥看他这么难受，就让他帮自己管理一个门店。于东来确实很有经商天赋，接手哥哥的店后，他把这家店经营得越来越兴旺。

虽说打工赚到的钱不如自己开店多，但好在安稳。照理说，就这么本本分分地干下去，日子过得也不错。可谁知，3个月后，于东来又"二进宫"了。

事情是这样的：于东来的哥哥有一辆摩托车，在当时那个年代，摩托车的价格非常昂贵，不是谁都能拥有的。于东来的一位朋友很喜欢摩托车，央求他把摩托车悄悄借给自己骑一骑过过瘾。于东来一向仗义，只要朋友开口，绝不会拒绝，因此，他大手一挥，非常爽快地让朋友把摩托车骑走了。没想到，这位朋友骑车水平很差，竟然撞了人，而且还非常蛮横地把被撞的人殴打了一顿。警察把他抓起来后，顺藤摸瓜一查，发现摩托车是从于东来这里借来的，于是把于东来也一并抓了。这一次，于东来又被取保候审。

接连闯了两次祸，于东来没有自我反省，反而把一切都归咎为"运气不好"，甚至还跑去算命。多年后，当于东来回过头来回顾自己这

---

[1] 于东来.脚踏实地不赚快钱 [J].现代营销（上旬刊），2016（12）：56-57.

段荒唐的经历时，也忍不住批评自己："我光抱怨自己运气不好，就是没有总结一下，为什么会这样？"

一个人，最难的就是自我反省。反省是觉醒的阶梯，不登此梯，难以窥见真理之光。可惜的是，那时的于东来并不懂得这一道理，不能真正醒悟过来。

转眼到了1991年，一直给哥哥打工的于东来觉得这样赚钱实在是太少、太慢了，于是跟哥哥商量，自己单独开一家店。哥哥是个忠厚的人，听他这么说，不但同意了，还表示会大力支持他。在哥哥的资助下，于东来在许昌西大街开了一家店，取名"瘦子店"。在于东来的经营下，这家店的生意也很红火。

可是，"贪婪"就像一个挥之不去的幽灵，潜伏在于东来的心里，使他不安于现状，使他失去理智、迷失自我，使他不由自主地走上歧途。

有一次，因为贪图便宜，于东来从不正规的渠道进了10件红塔山香烟，谁知付了钱以后，对方玩了个"偷梁换柱"，把真烟换成了假烟，让他一下子赔了三万多块钱。于东来气得捶胸顿足，要知道，这三万块钱可是他起早贪黑干半年才赚到的，就这么打了水漂，怎能不心痛！

为了把赔掉的钱赚回来，于东来像疯了一样，什么来钱快就干什么。坐火车时，他认识了一个假币贩子，那个人劝说他跟着自己到安徽买卖假币，一时冲动的于东来竟然鬼使神差地答应了。幸好最后没有谈成，否则于东来可能会走上一条不归路，胖东来也就不复存在了。

病急乱投医，于东来又开始盘算起其他的赚钱门路。他听说倒卖香烟非常赚钱，利欲熏心之下，无知者无畏，就干起了这个违法的生意。到了年底，一盘账，只用了半年的时间就赚了十几万！赚的钱越多，于东来的胆子越大，后来竟然发展到跨省倒卖香烟。

听说西安的许昌烟比河南便宜很多，他的心里噼里啪啦打起了小算盘：一件烟能赚100多，买辆货车，一车拉50件，就能赚5000多。如果一个月拉十几趟，就能赚七八万！有这么暴利的路子，还辛辛苦苦地开什么零售店！于是，被贪欲冲昏了头脑的于东来把原本经营得很红火的店盘了出去，买了一辆车，开始从西安往河南倒卖香烟。

第一趟，他不费吹灰之力就赚到了几万块钱，于是，他马不停蹄地又去跑第二趟。谁知道，他的车刚刚下了西安高速，就被一群武警拦住了，他赶紧下车，武警们举起枪，用乌黑的枪口对着他，他吓得心里哆嗦起来。那个情景于东来一直记忆犹新："他们把我架起来，对我说：'不许动，动就打死你！'后来，我被带进了审讯室，我一抬头，就看到墙上挂着的大标语：罚就罚你个倾家荡产，判就判你个永不再犯。这句话我真是一辈子都忘不了。"[1]

这是于东来"三进宫"，也是对他打击最大的一次。虽然因为涉案金额不大、认罪态度良好，没关多久他就被放了出来，但他的家底儿却赔了个一干二净，不仅如此，还欠了 30 万元外债。在当时"万元户"都很稀少的年代，30 万元算得上是一个天文数字。怎么还呢？于东来越想越愁，短短几天的时间就仿佛老了 10 岁。

因为债台高筑，每天都有人上门要钱，"咣咣"的砸门声一刻也不停。于东来没钱还，不敢在家待着，只能躲到老丈人家。"那时候追债的人叫一个多，自己不敢回家，就住老丈人家。我在房间里，用被子把自己包起来。一个月内，除了半夜上厕所，没出过门。自己一个人在屋子里自己跟自己打升级、下象棋，一下就是四五个小时。其实也很简单，打升级我自己打四家，下象棋我可以下两家。"[2]那是他人生最黑暗的时刻，在深不见底的绝望中，他甚至想过结束自己的生命。

在许昌待不下去的于东来跑到了西安，想在西安找门路赚钱还债。听人说开矿来钱快，于东来就一头扎进了秦岭的重重大山里。但开矿可不是一件容易的事，没有本钱怎么开？折腾了半天，于东来只找到

---

[1] 于东来.脚踏实地不赚快钱 [J].现代营销（上旬刊），2016（12）：56-57.
[2] 杨霄.于东来：中原小商人制造的震撼"大爱论"[EB/OL].（2008-11-12）[2024-04-22].http://www.linkshop.com/news/2008102126.shtml.

一份护矿的工作。

矿是要拿命来护的，因为有小偷会来偷，有土匪会来抢，这些人都是不法之徒，惹急了什么事都能干出来。除了人，于东来还得提防随时会出没的野猪、老虎。在秦岭护矿的那几年，于东来没睡过一天好觉，无时无刻不提心吊胆，生怕一个不小心就丢了性命。可尽管要冒这么大的风险，赚来的钱却少得可怜。

"为什么我一直这么倒霉呢？"那段时间，于东来一直在思考这个问题。

历经牢狱之苦、饱尝现实辛酸的于东来，终于不再将原因归结为"运气不好"，他开始认真审视自己走过的每一步，最终，他悟出了一个道理：总想赚快钱的人，往往一直在走弯路；在错误的方向上跑得越快，迷失得越远。正如古语所说，"欲速则不达"，真理总是如此简明而深刻。

成功之后的于东来，无论在什么场合，都不讳言自己这段"三进拘留所"的经历，甚至会主动和大家分享自己的感悟。因为他深知，人生没有白走的路，正是因为急功近利走了这么多弯路，他才真正省悟到做人、做企业的真谛："不管做什么，都应该脚踏实地、一步一个脚印地去做，不能急功近利，更不能贪心，不是自己的东西坚决不能要！"[1]

---

[1] 于东来.脚踏实地不赚快钱 [J].现代营销（上旬刊），2016（12）：56-57.

新的起点——望月楼胖子店

1995 年 3 月，当和煦的春风再次吹拂北方的大地时，在河南许昌一条不起眼的街上，一家不起眼的小店悄然开张。这家小店叫作"望月楼胖子店"，老板正是于东来。

图 1-1 望月楼胖子店

在秦岭待了两年多，于东来越发感觉到，靠干护矿这种收入微薄的工作，要还清欠下的债务，恐怕要等到猴年马月。每每想起那笔巨额债务，他的心中就会涌起一股无力感，感到前路茫茫。在外漂泊的日子也实在难熬，每当夜深人静时，于东来的心就会飞向远方的许昌，孤独如潮水般袭来，让他难受不已。他渴望回到父母、妻子的身边，享受家的温暖。

一天，喜讯自许昌遥遥传来：他的孩子出生了。这个好消息如同一颗石子投入于东来的心湖，让他久久不能平静。那一刻，他的心里只有一个念头在激荡："我要回家！我要回家！"归心似箭的他，以最快的速度收拾了行李，向矿场老板急切地告了别，便踏上了归家的路。

回到许昌，于东来感到前所未有的踏实和宁静，他决定不再出去，从此就留在家里，脚踏实地地活。"从95年我就踏踏实实在做事，谁再喊我挣钱，也不去挣了，一分一分地挣。"[1]

这一次，还是哥哥收留了于东来。因为有了亲情的庇护，于东来的生活，再次安定了下来。

1995年，于东来得知了一个消息：望月楼宾馆一楼有个商铺要转让。望月楼位于许昌市中心，每天人来人往，很是繁华，于东来想，在这里开店生意一定很红火，于是，他又萌发了自己开店的想法。

可是，负债累累的他哪有本钱开店？幸运的是，哥哥知道他想店后，毫不犹豫地向他伸出了援手，借给他1万块钱作为启动资金，帮他盘下了这个约40平方米的店铺。

1995年3月12日，筹备很久的望月楼胖子店正式开门迎客。

开业那天，于东来站在店门前，望着那块新挂上的招牌，心中百感交集。这不仅仅是一家零售店，更是他新生活的起点，是他从过去的失败中汲取教训、重塑未来的证明。

如今，很多媒体在提起胖东来时，都会说望月楼胖子店是它的前身，于东来自己也曾在无数场合讲起望月楼胖子店，认为这是自己创业之路的里程碑。因为正是从这家小店开始，于东来和胖东来成为一个不可分

[1] 张丽娜."神仙企业"胖东来为什么这么火？[EB/OL].（2023-12-09）[2024-04-29].http://www.ckxb.cn/qiye/20231209/26524.html.

割的整体，于东来的人生与零售业紧紧地联系在一起。他选择了零售业，这个行业也选择了他，两者的命运从此紧密相连。从那之后，他心无旁骛，专注在这个领域深耕细作，并一步步构建起了自己的商业版图。

1995 年，于东来的生活，开始有了新的色彩。他的故事，也翻开了新的一页。虽然他的生活仍然充满了不确定性，虽然未来的路依旧漫长而曲折，但他的内心已经重新燃起了希望的火苗，他也做好了准备，去迎接新的挑战，去探索人生的无限可能。

用真品，换真心

在望月楼胖子店刚刚成立的 1995 年，当许昌人谈论起当地的知名商场时，有人会说亚细亚，有人会说友谊商厦，还有人会说莲城商场……几乎没人会把"望月楼胖子店"列入这个清单。当时，谁都没有想到，这个看起来其貌不扬的小店，竟然会在未来的商业舞台上绽放出耀眼的光芒，甚至成为独树一帜的国产超市传奇，令无数国际大超市望尘莫及。

不过，这几家商场虽然规模大、硬件设施一流，但普通老百姓的钱包并不允许他们频繁踏入这些高端的购物场所。因此，在当时，大多数人购物的首选是路边的小店。但是，路边小店虽然价格低廉，商品的品质却得不到保证。有些店老板为了赚钱不择手段，用次品甚至是假货滥竽充数，"假货驱逐真货"的现象时有发生。身处这样的商业环境中，人们也已习以为常，即使买到了假货，往往也会选择忍耐，因为"卖假货"已经成为了一种被默认的商业行为。

目睹市场的混乱和假货的泛滥，于东来感到深深的痛心。他问自己：难道本本分分、诚实守信就真的赚不到钱吗？不，不应该是这样的。过去的经验教训也告诉他，一味地追求眼前的利益，是一种短视行为，可能会导致长远的损失。当人们在利益的驱使下跨越诚信的红线时，牺牲的是一个更加繁荣和可持续的未来。

于东来的心中涌起了一股使命感，他觉得，他应该为这个社会做些什么。

他决定用最真诚的心来对待顾客，绝不以假冒伪劣产品欺骗顾客，确保店里的每一件商品都质量过关，都能经得起顾客的检验，而且价格更优惠，服务更贴心。

1995年9月，在望月楼胖子店的门前，他第一次喊出了一个非常朴素的口号——"用真品，换真心"。他还把这六个字挂在店里最显眼的位置，如同一面旗帜，向所有顾客展示他的承诺和决心。

对于东来而言，"用真品，换真心"不仅是一句口号，更是诚信经营的宣言、是行动的准则。他要求自己和员工在每一天的工作中，都以这六个字为标准，确保每一件商品都能让顾客放心，每一次服务都能让顾客满意。

为了保证货真价实，每次进货，于东来都坚持亲自开车去取货。他认为，只有亲自把关，才能保证每一件商品都是正品，才能在顾客问起"这是不是真的"时有底气大声说"是"。货到了店里，于东来要求员工第一时间在香烟等商品的包装接缝处盖上店铺的印章，这个特别的标记，是商品全新未拆封的有力证明。

为了表明自己卖真货的决心，于东来还制定了"随意鉴别，假一赔十"的政策，这在当时是开先河之举。有些同行认为他坏了"规矩"，看不惯他，想让他出丑，于是就派人到望月楼胖子店买烟买酒，然后拿到鉴定中心去鉴定，结果检测结果证明胖东来的货都是真品。

当时，许昌当地非常流行"帝豪烟"，有顾客来望月楼胖子店买了这种烟，抽了之后怀疑是假货，于是到店里来要说法。于东来没有辩解，直接带着他到生产"帝豪烟"的许昌卷烟厂去检验。去的次数多了，卷烟厂的工作人员再看到盖着"望月楼胖子店"印章的香烟时，就直接对来检测的人来说："他们家的烟放心抽，没有假的。"

在假货横行的年代，于东来的"用真品，换真心"就像一股清流，涤荡着商业领域的不正之风。很快，望月楼胖子店"真品"的美名就传扬了出去，在许昌市及周边家喻户晓。这家当时只有40来平方米的小超市，几乎每天都热热闹闹挤满了人。很多许昌人在修房造屋、婚丧嫁娶时，都会到望月楼胖子店来采购烟酒杂物，冲的就是这里货真、低价、诚信，于东来因此收获了一大批忠实的客户。

除了为顾客提供货真价实的商品，于东来还用真心服务于顾客。每当看到顾客带着小孩进店，他总是慷慨地送上满满一大捧零食，孩子的小手几乎捧不过来，需要用衣服来兜着。有的顾客在店里买了香烟，回家路上遭遇了"扒手"，回到店里一说，于东来一点儿都没犹豫，马上补给他双倍的香烟……在那个年代，这样的服务不光是令顾客感动，更令顾客震撼。一传十，十传百，来望月楼胖子店买东西的人越来越多。

自古以来，"真心换真心"这个道理人尽皆知，但要做到却并不是一件容易的事，因为付出真心往往意味着牺牲自己的利益。当别的老板都在通过卖假货大赚特赚的时候，只有于东来不为一时之利所动，傻乎乎又辛苦地赚那几毛钱甚至几分钱的利润。在他看来，付出真心可能短期内会使自己牺牲部分利益，但这种长期的诚信经营能赢得顾客的持续信任，由此收获的无形资产远比短期利润更有价值。

于东来的真心得到了丰厚的回报：从3月12日开业到1995年年底，只用了不到十个月的时间，望月楼胖子店就创造了80多万元的净利润。他本来打算用五六年时间还完之前欠下的债，没想到，只用了一年就全部还清了。第二年，望月楼胖子店继续盈利，赚了120万元。第三年，盈利增长到180万元。三年下来，于东来赚了大概300多万元。

脚踏实地做生意，原来也能赚大钱。后来，在总结自己创业初期的经营方法时，于东来说："当时也没有特别多的想法，只是总结了以前所走弯路的经验和教训，真诚对待顾客，灵活地经营，质量有保证，不欺骗顾客，价格又低，不知不觉，生意就红火起来了。"[1]

于东来没有忘了跟着他一起打拼的员工们，到过年时，于东来特

[1] 于东来.胖东来于东来：做生意到底是为了什么？ [EB/OL].（2012-11-26）[2024-04-27].http://www.linkshop.com/news/2012233636.shtml.

意拿出一笔钱分给店里的员工，让大家都享受到辛苦工作带来的回报。除了丰厚的分红，员工们的月薪在当时的许昌也算高工资了，那时当地的平均工资大约是 300 元，但望月楼胖子店的员工每月的工资最少也有 1000 元，攒一年的钱就可以在农村盖四间房子了。

1997 年 10 月，胖东来在许昌五一路上开了第一家分店，生意持续火爆，于东来再次向员工做出承诺——要让他们"3 年赚 5 万"！

正所谓，以诚相待，以心相交，方能成其久远。

做人如此，做企业也是如此。

捐钱造航母，心中有大义

1996 年，在于东来身上还发生了一件令人惊叹的事，透过这件事，我们可以清晰地看到胖东来这家企业的精神底色。

1996 年 3 月，正是春暖花开的时节，在中央电视台门口，《人民子弟兵》栏目的一位记者邂逅了 3 个正在焦急徘徊的年轻人。记者感到很好奇，上前询问才得知，这三个年轻人是从河南许昌远道而来的，是来北京支援国防建设的。这三个年轻人正是于东来、于东明以及他们的表弟刘红军。

当时，于东来在电视上看到美国航母肆无忌惮地开进台湾海峡，对中国进行大肆"挑衅"，企图干涉我国内政，顿时感到愤怒不已。看到自己热爱的祖国受到这样的欺辱，于东来感到自己应该做些什么。当看到中国决定建造航母的报道后，他激动地跳了起来，赶紧找来哥哥于东明、表弟刘红军，和他们商量为造航母捐款。

哥哥听了他的想法后，被震惊得一时语塞，过了一会儿，才回过神来，连珠炮般地提出了自己的疑问："你这是认真的吗？你真的考虑清楚了吗？"于东来对哥哥说："咱们是穷，但一人一元，就是十几亿元，一定能造出航母。不能让美国人这么欺负我们！"

三个人商量了一下，东拼西凑了两万块钱。这对他们来说并不容易，要知道，在 20 世纪 90 年代，"万元户"都是凤毛麟角的存在。这些钱，是他们辛辛苦苦一分一分赚出来的，有时，为了一毛钱他们能跟供应商磨半天。可是，为国家捐款，他们却丝毫没有犹豫。

凑够钱后，他们就马不停蹄地开着家里进货的货车去了北京。到了北京后，三个年轻人一下子懵了：偌大的首都，人生地不熟，到哪里去找捐款的地方？他们像没头苍蝇一样转悠了一天，仍然是一筹莫展。眼看着天都要黑了，他们只好开车来到中央电视台，想碰碰运气，看看能不能求助于媒体。没想到，正好和《人民子弟兵》的记者不期而遇。

了解了他们此行的目的后，记者被他们的爱国心深深打动了，连忙为他们查询中国航天基金会的联系方式。中国航天基金会成立于1995年，是原国防科工委与原中国航天工业总公司一起发起的一个全国性的公募基金会，是中国航天领域对外募捐、接受捐赠和赞助的唯一合法组织。当时正处于中国国防建设的重要时期，为了使祖国更加强大，国内企业纷纷向中国航天基金会捐款。像于东来这样的个人捐赠者，虽然也有，但绝对少之又少。他们捐赠的两万块钱，虽然在数额上无法与大企业相比，对于国之重器的建造而言也是杯水车薪，但他们展现的民族大义和爱国情怀，却具有无法衡量的价值，令人感动，令人敬佩。

虽然于东来的初衷是想为建造航母尽自己的一份力量，但当他了解到这里承担的也是尖端工程的研究与研发时，就毫不犹豫地把钱递给了对方。捐款的过程非常简单，连一张合影照片都没有拍。当时负责接收这笔捐款、时任中国航天基金会副秘书长的陈广利，后来曾经对当时的情景进行了回忆："他们穿的衣服很一般，就跟个农民似的。但是他们很痛快，说好不容易找到我们了，意思是把钱从兜里掏给我们就行了。"[1]

三兄弟捐了钱之后，并没有对外宣扬，而是回到许昌默默地继续经营着自己的生意。几个月后，中国航天基金会认为他们的善举值得宣

---

[1] 匆匆轶事.回顾：胖东来老板于东来，捐款为国家造航母，央视上门拍纪录片[EB/OL].（2024-02-29）[2024-04-29].https://baijiahao.baidu.com/s?id=1792199262930580942&wfr=spider&for=pc.

传，于是便联系中央电视台《人民子弟兵》栏目，希望通过媒体的力量，将三兄弟的故事传播出去。《人民子弟兵》栏目的记者经过一番努力，终于找到了于东来三兄弟，对他们进行了深入的采访，详细了解了他们捐款的心路历程。采访后，《人民弟子兵》栏目制作了专题纪录片《三兄弟的故事》，专门讲述了他们从河南远赴北京，为我国的国防现代化事业和人民军队的强军征程捐献两万元巨款的故事。

当时，对于他们的这个举动，很多人是非常疑惑的。他们在北京时，有个出租车司机听说他们到北京来是来捐钱给国家造航母的，说："这不应该是政府部门考虑的事情吗？跟咱老百姓有什么关系啊？"

是啊，到底有什么关系呢？在纪录片中，于东来三兄弟的话，或许给出了答案。于东明说："（这钱）能维护国家的尊严，你外国打我了，我就有能力防范。"刘红军说："俺做生意的，挣到钱了，国家连个像样的航空母舰都没有。去博物馆看展览的飞机净是些外国飞机，中国技术落后。想到这点，咱挣到钱了，咱拿个一两万吧。对国家来说是小数目，可对咱自己也不算少了，咱就表一点赤子之心吧，激起民族的爱国心，代表咱个体户。中央需要老百姓支持的时候，咱就站出来。"于东来说："每个民族都有民族自尊心，咱也同样有。咱们要拿出自己的积蓄，支援国家。""就导弹那个事，那次我看《参考消息》，说外国拦不住咱们的这个导弹，俺们心里那个高兴啊。咱中国这不是也有尖端武器吗？我当时就问陈秘书，这事是不是真的？结果他和我说，那个导弹还不是咱中国最好的，我们还有比这更好的。俺听了心里更高兴了。"透过采访的镜头，于东来还向全国的个体户发出呼吁，号召他们为中国的航母事业贡献自己的力量。位卑未敢忘忧国，这就是于东来。

1997 年，于东来还将"望月楼胖子店"改名为"胖东来烟酒有限公司"，并且提出了一个全新的愿景——"创中国名店，做许昌典范"，将公司的长远目标融入实现中国梦的壮阔奋斗中，将个人命运、企业命运融入民族命运、国家命运中，将企业的发展与人民的幸福、国家的兴盛紧紧地联系在一起，以家国情怀为内在动力，不断催动、鞭策自己，带领着胖东来向前奔跑。

拥有这样的格局和大义，可以说，胖东来的成功从来就不是偶然。

企业家的初心决定了企业存在的意义和追求的目标，是企业精神力量的源泉。所以，在经营企业时，企业经营者要时刻反躬自省：你做这份事业的初心是什么？你经营企业是为了获得什么？是只想获取利润，还是想实现某种社会价值？

如果一家企业的追求仅仅停留在名和利的层面，是不可能获得长远发展的。这样的企业在面对消费者、员工、股东的时候，即使说得天花乱坠，即使用很多吸引人的数字展现企业的未来前景，都很难真正打动对方——因为这些话语和数字都没有底气、没有力度，不能深入人心。

反之，如果企业经营者心有宏愿，追求更深层次的价值和意义，以让利顾客、造福民众、回馈国家与社会为企业使命，就会获得源源不断的能量，并展现出深远的影响力。

胖东来正是如此。节目在中央电视台播出后，于东来在许昌的知名度更大了，胖东来每天都人潮涌动，顾客络绎不绝，生意蒸蒸日上。

2012年，中国海军迎来了一个历史性的时刻——"中国人民解放军辽宁舰"完成建造，经过试验试航后正式交付给海军。这是中国第一艘航空母舰，是我国海军建设史上的一座里程碑，意味着中国海军从此进入了航母时代，也意味着我国迈出了从海洋大国迈向海洋强国的重要一步。这个梦想的实现，是一段千难万险的旅程，更是千万人努力的结果。时隔16年，于东来再次从电视上看到了关于航母的消息，这一次，他激动得热泪盈眶。

第二章

感恩：患难见真情，因爱重生

"用真品，换真心"这句他喊了三年多的口号，在 1998 年春天，被赋予了更深层的含义。

于东来曾在多场演讲中讲到："在我的人生当中，从原来的不懂，从为了满足自己苦苦地奋斗，这期间走了很多弯路。从1990年开始奋斗到1995年，又从1995年踏踏实实地开始做，直到1999年开始有所追求，在满足自己的同时要有情有义。"

如果说在火灾发生之前，于东来一直认为开店是对自己人生的救赎和自我实现的途径，那么，从那之后，于东来领悟到，胖东来不只属于于东来，也不只属于胖东来的员工，而是属于整个社会。

震惊全国的纵火案

看到胖东来的客流持续增长，销量也稳步提升，于东来感慨自己的创业梦想终于成真了，心中更是涌动着难以言喻的成就感与喜悦。他琢磨着，先一鼓作气扩大望月楼胖东来购物中心[1]的规模，再在许昌开几家分店。他深知，当下的成功只是一个新的起点，真正的挑战和机遇在于如何维持这种增长势头，将胖东来的品牌影响力扩展到更广阔的市场。

然而，就在于东来对未来充满憧憬，打算撸起袖子大干一场时，一场飞来横祸突然将他推入深渊。

1998 年 3 月的一天，胖东来店铺内一如往常地忙碌着，顾客们在货架间挑选着自己需要的商品。突然，一个叫韩和平的小混混闯了进来，他的目光在店内四处游移，最终落在一位女店员身上。随即，他不怀好意地向这名女店员凑了过去，对她进行恶意骚扰。面对小混混的无礼行为，女店员本能的反应是避免冲突，于是，她尝试着躲开韩和平。然而，韩和平并没有因为女店员的退让而收敛，反而变得更加肆无忌惮。

店内的其他员工和顾客开始注意到这一情况，紧张和不安的气氛在店内蔓延开来。在这紧急关头，一位男店员勇敢地走上前去，对韩和平好言劝说，希望息事宁人。没想到，韩和平竟然不由分说地抡起

---

[1] 此时胖东来烟酒有限公司已更名为胖东来购物中心。

拳头狠狠打了那位男店员一拳。看到这样的暴行，店员们愤怒不已，但尽管心中充满了不满，为了不给店里添麻烦，他们还是强压下心中的怒火，选择了忍耐，没有与韩和平发生直接的冲突。韩和平发泄完后，大摇大摆地扬长而去。

店员们本以为这场风波就这么结束了，但事与愿违，两天后，韩和平竟然带着两个同伙再次上门闹事。这一次，他们的行径更加令人发指，不但打伤了两个男店员，还在店里又打又砸，损坏了不少货物。

得知店里发生严重的暴力事件后，于东来急忙赶了回来。一进门，他就被眼前的景象震惊了：店员们脸上的伤痕清晰可见，店内的货物被肆意破坏，一片混乱。于东来的内心充满了复杂的情绪，既有对员工受伤的痛心，也有对这种不法行为的愤怒。他知道，作为店铺的负责人，他必须站出来维护正义，保护员工的安全。他告诉员工，这件事决不能就这么算了，如果韩和平和他的同伙再来店里闹事，员工们必须在确保自身安全的前提下，第一时间通知他。

3月14日晚上，韩和平和几个同伙到胖东来楼上的望月楼宾馆吃饭。在推杯换盏之间，酒水逐渐见底，韩和平就下楼到胖东来买酒。他带着几分醉意，晃晃悠悠地走进了胖东来，曾被他殴打过的一位男店员认出了他，马上把他的行踪告诉了于东来。

一心想为店员讨回公道的于东来守在望月楼门口，打算找韩和平理论理论。一直等到十点多，韩和平和他的狐朋狗友们才醉醺醺地走出望月楼，于东来马上拦住这帮混混，警告他们不要再来寻衅滋事。

可是，和地痞流氓哪有道理可言？在酒精的驱使下，韩和平和他的同伙们更加肆无忌惮，他们不仅没有听从于东来的警告，反而变本加厉，冲进了胖东来店里，又是一通打砸抢，还把几名店员殴打了一顿。忍耐是有限度的，在连续的挑衅和攻击之下，胖东来的店员们终于忍无可忍，愤然起身反击。

韩和平一伙在人数和气势上并不占优，但他们并没有就此罢休。在打斗的间隙，他们用传呼机呼叫其他同伙前来支援。正在棋牌室打牌的张东营等人得知"大哥被欺负了"，气势汹汹地赶往胖东来，为他们撑腰。所幸的是，民警此时已经来到现场，张东营等人于是躲在一旁，没有直接露面参与冲突。

被民警制止后，韩和平等人怒气冲冲地来到了同伙凌顺利家中。这帮混混平时横行霸道惯了，哪里受过这样的气，怎么肯善罢甘休？于是，在凌顺利家，怀恨在心的他们对如何打击报复胖东来进行了一番密谋。

当天晚上12点，他们在郊区的一个加油站购买了满满一桶汽油，然后骑着摩托车返回胖东来。趁着大家都在熟睡中，这伙凶残的不法之徒将汽油泼满了整个店铺，点火后迅速逃离。只听一声巨响，胖东来以及楼上的望月楼宾馆顿时陷入一片火海。

凶猛的火势很快就使附近的居民从睡梦中惊醒，惊恐不已的人们马上拨打了119。虽然消防很快就赶来了，但火势实在是太大了，等到火情得到控制的时候，已经造成了无法挽回的后果。1998年11月出版的《河南消防》杂志刊登了一篇由许昌市公安局宣传科干部采写的纪实性新闻《为了八个惨死的冤魂——许昌3·15特大纵火案侦破记》，这篇文章记录了当时的惨状："经过近一个小时的奋力扑救，大火终于被完全扑灭。过火面积达千余平方米，直接经济损失高达48万元。胖东来购物中心化为一片灰烬，烧焦的木板和弯曲的铝合金框架仍然发出丝丝声响。楼上的望月楼宾馆浓烟弥漫，一名服务员和七名旅客没来得及逃脱，被大火产生的一氧化碳和氧化物夺走了宝贵的生命。8名亡者，最大的是53岁，最小的刚刚出生两个月，都横尸在地，现场惨不忍睹。"

"许昌3·15特大纵火案"的发生，让全国为之震惊。公安部对这一案件高度关注与重视，事发当天，公安部消防局和河南省消防总队相关领导在省会郑州开会，得知消息后立刻赶赴许昌，亲临火灾现场进行实地勘查，并为火灾调查和后续处理提供了专业的技术指导。公安机关的办案人员不辞辛劳，夜以继日地投入到案件的侦破工作中。通过连续的侦查和分析，案件终于在1998年4月19日取得了突破性进展，成功告破。涉案的几名罪大恶极的犯罪分子，除张东营在与警方的对峙中被击毙外，其他均被警方迅速抓获，受到了应有的惩罚，为自己的恶行付出了代价。

这一场火，使于东来三年的辛苦努力全都化为灰烬。看着大火过后的一片废墟，于东来心如刀割。而更令他深深自责的，是8条无辜的生命因他而葬身火海。他将这一切都归咎于自己：如果自己没有开这家店，是不是就不会有这场灾祸了？如果自己能忍一时风平浪静、退一步海阔天空，是不是就不会招致恶意报复了？

在《与王纯甫书》中，王阳明为了鼓励自己的弟子勇敢面对逆境，用一段富有文采又充满力量的语言，描绘人们在逆境中应有的心态："譬金之在冶，经烈焰，受钳锤，当此之时，为金者甚苦。然自他人视之，方喜金之益精炼，而惟恐火力锤煅之不至。既其出冶，金亦自喜其挫折煅炼之有成矣。"正如金属需要经过火焰的洗礼、钳锤的锻打才能变得更加坚固和纯净，人也需要经历挑战和磨难，才能真正成事。

"金之在冶"，或许正是于东来的真实写照。

"我们相信胖东来"

从高峰一下子跌回低谷，于东来心如死灰，一度失去了继续走下去的勇气。

但来自西面八方的爱，让他重新振作起来。

家人当然不用多说了，一直支持着他，做他最坚实的后盾。

员工们怕他想不开，都没有回家，帮他收拾店里的烂摊子，一直陪着他。

朋友们也纷纷来探望他，开导他，宽慰他，给他打气。

令于东来意想不到的是，很多老顾客听说了这件事后，也通过各种方式鼓励他，有给他写信鼓励他"不能倒"的，有从农村骑着三轮车来慰问他的，还有给他寄钱、送物的。

在一次采访中，于东来讲述了一个令他一直记忆犹新的故事。

火灾后，一位老大娘迈着蹒跚的步子来到胖东来，向人们打听："你知道胖东来的经理在哪吗？"

有人把她带到了于东来面前，于东来很惊讶，不知道这位大娘找他有什么事，因为他并不认识这位大娘。

那位大娘握着他的手，对他说："孩儿啊，因为这事可别趴下呀，如果（你）没有钱了，你大伯俺俩还存了两万块钱，你要用了就给你拿来！"[1]

面对陌生大娘的安慰，于东来内心久久不能平静，他眼里含着热泪对大娘说："大娘，你放心，我不会趴下的，我会好好干，您放心吧！"[2]

在火灾之前，有一些顾客预付了定金，但是一直没有提货，还有一些顾客刚刚购买了胖东来之前发的代金券。因为火灾把胖东来的货物都烧掉了，于东来担心有些顾客会担忧他们的这些货还能不能提，或者代金券还能不能兑现，就安排员工给这些顾客打电话，给他们的传呼机发信息，让他们到店里来办理退款。令他意外的事，这之后几天竟然没有人到店索要赔偿。顾客们都说，"我们相信胖东来"。

那一刻，于东来感到心中充满了无穷的力量。"用真品，换真心"这句他喊了三年多的口号，在 1998 年春天，被赋予了更深层的含义。

当一个人陷入泥沼中，通常有三条路可走：一是就地沉沦下去，不管日夜；二是走出泥沼，忘掉一切；三是以此为起点，积蓄力量，走得更远。于东来选择了第三条路，也是在那一刻，于东来找到了新的人生意义。他曾在多场演讲中讲到："在我的人生当中，从原来的不懂，从为了满足自己苦苦地奋斗，这期间走了很多弯路。从 1990 年开始奋斗到 1995 年，又从 1995 年踏踏实实地开始做，直到 1998 年开始有所追求，在满足自己的同时要有情有义。"

如果说在火灾发生之前，于东来一直认为开店是对自己人生的救赎和自我实现的途径，那么，从那之后，于东来领悟到，胖东来不只属于于东来，也不只属于胖东来的员工，而是属于整个社会。把胖东来经营好，不仅是对父老乡亲无私帮助的一种回馈，更是义不容辞的重任。

后来，于东来这样分享自己的感悟："有这么多人关心支持，我

［1］稻看胖东来.从人生触底到成功反弹，胖东来董事长于东来的成长故事 [EB/OL].（2023-11-13）[2024-04-30].https://www.sohu.com/a/735991663_120548298.

［2］于东来.胖东来于东来：做生意到底是为了什么？ [EB/OL].（2012-11-26）[2024-04-27].http://www.linkshop.com/news/2012233636.shtml.

如果不干好，真的对不起大家。在那时，我对员工讲，胖东来已不只是我们的，还是大家的、社会的。我们只能把它做好，决不能随意往它脸上抹黑，我们已深知胖东来这个品牌的分量，只有做好它，我们才对得起这么多关心、支持我们的人，对得起对我们寄以厚望的人。遇到困难、挫折时，我曾经想过放弃，但我无法放弃，不能放弃，那是一份沉甸甸的责任啊！对员工的责任、对顾客的责任、对社会的责任，更是对自己的责任，不经历风雨，哪能见彩虹！放平心态，总结不足，逐步提高。"[1]

这不是于东来的一时冲动，从那之后，他把这种爱与责任感融入到血液里，充盈在生命中，无论是顺程还是逆风，他都没有放弃过，也没有犹疑过，这是胖东来的力量源泉。

是许昌人的爱，让于东来重获新生。很多人心中都曾有过这样一个疑问：胖东来为什么诞生在许昌？有人从这座城市的历史中找到了这个问题的答案。

许昌历史悠久，古称"许地"，在西周时期为许国的所在地，到了秦朝则设立了许县。历史的车轮滚滚向前，到了三国时期，这里更是成为了重要的历史舞台。在曹操东征的过程中，下邳之战是一个关键的转折点。在这场战役中，曹操不仅获得了军事上的胜利，还俘获了关羽以及刘备的甘夫人、糜夫人。为了确保刘备的两位夫人的安全，关羽在经过深思熟虑后，提出了著名的"土山三约"，暂时归附于曹操，随后抵达了许昌。曹操对关羽的才华和武艺十分赏识，不仅授予他偏将军的职位，还特别赐予他一座府宅。在这座府宅的庭院中，有一座楼台，关羽在这里秉烛夜读，沉浸于《春秋》的智慧中，春秋楼由此而得名。而灞陵桥则是关羽忠义传奇的起点。在这里，关羽开始了他千里走单

---

［1］于东来.胖东来于东来：做生意到底是为了什么？［EB/OL］.（2012-11-26）［2024-04-27］.http://www.linkshop.com/news/2012233636.shtml.

骑的壮举，护送甘、糜二位夫人安全返回刘备身边，在历史上留下了忠义的美名。

许昌市文旅局副局长李彩在一次采访中，通过这个故事总结出了许昌的特点："曹操与关羽的这段纠葛，其实无处不彰显着情义和信义，如果双方不遵守'土山三约'，恐怕也就不会有关羽后来的忠义美名，也就不会有曹操求贤若渴的佳话，乃至后来的华容道关羽义释曹操，无不体现着情义和信义，这何尝不是一种'人情味'，而这种人情味，历经千年一直在许昌这座城市流传，造就了许昌这座城市的温暖。"[1]

是的，是许昌这片充满人情味的土地，孕育出了胖东来这样向爱而生的企业。

---

[1] 红星新闻.河南许昌：不挂"A"的景区"胖东来"，如何孕育？[EB/OL].（2024-01-18）[2024-04-30].https://www.hntv.tv/50rd/article/1/1747813481704775682.

以爱为桨，重新启航

以爱为桨，于东来重新启航。1998 年 5 月 1 日，他在原址重建了胖东来，正式营业的那天，许昌的老百姓奔走相告，纷纷前来购物，以实际行动表达对胖东来的支持与信任。

于东来站在人群中，心中充满了感激，他知道，这是一个新的开始，未来，胖东来还有更长的路要走，但他相信，有了顾客的支持和团队的努力，胖东来一定能够迎来更加光明的未来。

经历了火灾的考验后，胖东来的团队更加团结、更有凝聚力，在于东来的带领下，他们个个都充满干劲，以饱满的热情投入到工作中。在大家的共同努力下，胖东来不仅迅速恢复了元气，而且生意越来越兴旺。

看到胖东来发展地越来越好，同行们羡慕不已，有些人特意找到于东来，请他吃饭，在饭桌上向他请教经营秘诀。于东来知道，他们平日里都会拜财神，希望财神能保佑自己获得财富和好运，就认真地对他们说："如果你们的心里没有顾客，拜财神又有什么用呢？你们应该好好想一想，你们的产品是不是质优价廉，你们有没有把每一位顾客都当作自己的亲人来对待？"

于东来极为重视信仰，他经常对员工们说"不要成为没有信仰的生命"，在《走在信仰的路上——东来随笔·心的分享》中，他用了很大的篇幅来阐述信仰的意义："信仰决定生命的方向和生活的方式方法。

有信仰的生命因信念而坚定，因善良而执着，因苦难而坦然，因爱而甜蜜，因活着而阳光，甚至付出生命也是喜悦的。当你有了信仰，你便知道信仰高于一切，甚至生命！没有信仰的生命充满无知、贪婪、怨气、嫉恨、丑恶和精神的痛苦。有信仰的生命总是那么热情、大爱、坚定、从容、自由、勇敢和阳光。"不过，于东来的信仰不是虚无缥缈的神，而是"爱"。

之所以以爱为信仰，是因为是亲人、朋友、员工、顾客乃至很多不相识的许昌老百姓重塑了胖东来，造就了胖东来，没有爱，就没有胖东来。因此，于东来把"爱在胖东来"这五个字写进了胖东来的《文化理念手册》中，挂在了每一家门店的墙上，印了胖东来的海报、宣传单甚至入口处的地面上。

在胖东来的文化理念中，爱包括五个方面，分别是：爱自己、爱家人、爱员工、爱顾客、爱社会。

"热爱生命，爱自己才是人生的第一奥义"，于东来认为，如果一个人不懂得爱自己，就会误入歧途，给自己乃至社会都带来伤害，"当初开始做的时候都是想挣钱，想要把生活过得好一点，随着企业越做越大，慢慢的不只是在挣钱，我们在竞争、在比面子、在嫉妒，在证明自己，忘记我们的生命需要悠闲、需要享受、需要健康，忘记我们要快乐、我们要真诚、我们要友善，导致我们彼此之间失去了信任，更多的是记恨之心，而不是成人之美的心。如果人性当中没有真诚、没有友善、没有成人之美的心，会幸福吗？没有轻松、没有快乐，何来美丽？我们不知不觉就成了时代的牺牲品，表面上挣到钱感觉挺幸福、有成就感，但更多的时候是辛苦、是心酸、是无奈、是沮丧、是失落，不知不觉的，精神上抑郁、失眠，头发也变白了，甚至很多企业家不仅牺牲、伤害了自己，而且对家人、对企业、对员工、对社会也带来了伤害，走上了不归途。"[1]

什么是爱自己？于东来是这样理解的：

爱自己就是"让自己轻松、自由，心里面要开心而不是纠结"，就是要"追求人性的美好，让自己活得健康、活得舒心、活得美丽、活得悠然、活得浪漫、活得富有情怀、活得有价值，让自己都觉得自己的生命是那么美好"。

爱自己就是"做的每一件事情都是源自内心的、是自己想做的、是自己喜欢的"。在于东来看来，"不喜欢就不能做，因为不喜欢不是尊重，是不道德的，就像夫妻之间，如果不喜欢还在一起就是不道德，但是我们通常认为不喜欢还在一起是一种责任。实际上，如果我们背负着责任去生活，不快乐，这么辛苦，对得起自己的生命吗？"[2]

很多企业家向于东来请教如何经营企业，于东来总是告诉他们，把心静下来、真诚地爱自己，就会知道如何做企业："因为你懂得了爱自己，就明白了生命的真谛、生命的道理，要懂得尊重、懂得信任、懂得友善、懂得公平、懂得自由、懂得勇敢、懂得希望……当懂得这些理念的时候，你对待万事万物都会有敬畏之心，就不会做没有底线的事情，不会为了利益不择手段，甚至拿着自己的人格和尊严去获取利益、获取目的，不会让自己的生命活得这么累！现在很多企业家为什么有时候还会感觉没有尊严？是因为心不纯粹，没有真正尊重自己的生命，拿着自己的生命和人格，为了某种目的而牺牲了自己。我希望大家到胖东来学习的时候，能从外在的表面看到内在的思想，真正去思考这种状态是如何产生的。大家的状态更多是利他利己，目的表面是为了他人好，实际是为了自己好，为他人好的目的是想让自己多获取更多的利益和荣耀。"

---

[1][2]引用自2023年3月14日下午于东来在"联商中国超市周"的分享《爱自己，学做幸福企业》。

以"爱自己"为起点，一个人才能爱家人，进而推己及人，爱身边的员工、顾客，最后爱社会，与大家一起创造幸福、实现幸福。

对爱家人、爱员工、爱顾客、爱社会，《胖东来文化理念手册》进行了详细的阐述：

爱家人：

◇源自心灵的关心与爱护，懂得彼此尊重和自由。

◇爱是纯粹的、没有任何附加条件的，爱是自由，束缚对方就是最大的恶。

◇没有谁是谁的附属品，不要用责任束缚爱。

◇对待父母和孩子，在法律义务的基础上彼此尊重，彼此过好自己的生活。

爱员工：

◇爱不是言语而是行动，是发自内心真诚的关爱，在日常的小事和细节中去体现。

◇认真倾听、用心沟通，洞察员工思想状态，关心员工生活，为员工排忧解难。

◇成就员工要多尊重、信任、鼓励、认可员工；放权管理。

◇言传：提升员工能力，给予思想和精神上的引导，教给员工好的生活理念和做事方法，成为个性、阳光、健康的人。

◇身教：用自己的活法影响员工，让自己成为一个大爱、充满能量的太阳，感染身边的人。

◇管理不溺爱，制度是底线，严厉也是一种爱的方式。

◇做发现千里马的伯乐，善于发现员工的闪光点，慢慢学会把合适的人放在合适的位置。

爱顾客：

◇让顾客安心、放心、舒心；提供满足或超出顾客期望值的服务。

◇信任顾客，实实在在地站在顾客角度上考虑问题，引导好的消费习惯，引领时尚有品质的生活方式。

◇传递先进的生活理念和生活方法，辅助成就顾客阳光、健康、幸福的生活！

爱社会：

◇承担零售企业的责任，推动商业品质的提升。

◇心怀社会，心怀大爱之心经营。

◇向社会输出正能量。

古语云："仁者爱人，爱人者，人恒爱之。"胖东来的文化理念传承自中华文化，又在多年践行中发扬光大，在知行合一中获得不竭的生命力。

第三章

利他：从心出发，用爱服务

说到底，顾客的期待不过是一句话：人与人之间应该"少一点套路，多一点真诚"。而胖东来赢得顾客的秘诀，就是实实在在地践行这句话，真心把顾客放在第一位，真正想顾客之所想，急顾客之所急。

在许昌，很多人都会说这样一句话："许昌人都被胖东来惯坏了，去了别的超市总觉得差点意思。"每当听到这样的评价，于东来总会开心地哈哈大笑："一路走到今天，我的希望不是做生意，而是想让更多人幸福地生活。"

"离谱"的免费服务

1998 年，在许昌父老乡亲的深情厚爱中找到了新的人生意义后，于东来决心将这份爱转化为商业实践，于是开始采用一种人性化的经营模式——从心出发，用爱服务。

于东来常告诉员工："不要把顾客当作上帝，而要把他们当作家人。"在传统的商业服务中，顾客往往被捧得高高在上，被视为"上帝"，这种服务方式虽然体现了对顾客的重视与尊重，但有时却显得过于正式和疏远，忽视了人与人之间最真挚的情感交流。而在于东来看来，商业不仅仅是冷冰冰的交易，更是情感的互动与连接。只有将顾客视作家人，去关注他们的真实感受和需求，去发自内心地理解、关心和帮助他们，才能建立起与顾客之间的信任和情感联系。

于东来的这一服务理念还包含着另一层深意：一个人可能不了解上帝的想法，但往往会非常轻松地了解家人的想法。他常常让员工换位思考：你们是胖东来的员工，但同时也是消费者，你的家人也是消费者，你希望你自己、你的家人在购物时得到什么样的关照？享受什么样的服务？将心比心，你们期望的，也正是顾客所期望的。所以，你希望得到什么样的服务，就应该提供什么样的服务。

为了给顾客创造更好、更极致的体验，于东来甚至不惜用一些"反商业"的手段，比如，从 1999 年起，胖东来开始为顾客提供品类众多的免费服务。

　　早期，顾客在胖东来可以获得的免费服务主要是免费存自行车、免费给车胎打气、免费打电话、免费存包、免费熨烫衣服、免费扦裤脚等。值得一提的是胖东来电器维修部，为顾客提供无条件的免费电器维修服务，不管产品是不是从胖东来买的，都可以拿到这里来维修。如果只更换小零件，就分文不收。如果换的是大零件，胖东来也不收维修费，只收必要的零件成本费。如果一时修不好，为了不耽误顾客的正常生活，他们还会提供备用小家电供给顾客临时使用。除此之外，电器维修部的员工还会主动向顾客分享电器使用和维护的小知识，帮助顾客更好地了解和保养自己的电器，延长产品的使用寿命。

　　后来，随着对顾客需求的进一步洞察，胖东来的免费服务不断升级。比如，免费衣服熨烫升级成了免费熨烫修，顾客不仅可以把衣服拿到胖东来服装部来改大小、改长短，还可以免费翻新，在服装部员工们的巧手下，数不胜数的旧衣变成了新衣，重新穿在了顾客的身上。再比如，免费存车升级成了免费检测电动车、免费检测汽车，为顾客排除隐患，让顾客来得放心，走得更放心。

　　与此同时，胖东来的免费服务还不断拓展，越来越多样化，据说现在已多达 84 项。比如，冷冻制品旁放置着免费手套，避免顾客在选购商品时把手冻着，买完后还可以到制冰机自助取冰，不用担心任何东西半路就化；熟食区配有微波炉，顾客可以让胖东来员工帮忙加热，也可以自己动手加热食物；珠宝售后服务中心为顾客提供免费鉴定珠宝、免费首饰清洗整形服务；服务台备有充电宝、雨伞等，供顾客在需要的时候免费使用，为顾客解除购物的后顾之忧；在收银台、存包处、称台、服务台等多个地方放置了棉棒、吸管、创可贴、叉子、筷子、湿巾等日用品，方便顾客随时取用；在超市出口、鱼区、果蔬称台放置免洗洗手液，使顾客可以随时清洁双手；在超市进口、烟酒柜台准备有急救用品，顾客在紧急时刻可以使用。

　　其中，很多免费服务之周到与贴心到了令人惊讶的程度。

　　胖东来的卫生间里不仅备有为处于特殊时期的女性顾客免费提供

的卫生巾，还非常细心地提供了护垫、迷你巾、日用巾、夜用巾等不同种类的卫生巾，甚至还准备了备用裙子，供女性顾客更换。

胖东来的服务台、烟柜、收银台、超市进口、各区称台等都精心准备了好吃的糖果，如果有顾客出现低血糖的情况，可以第一时间取用，尽早恢复。而对于小朋友们，这些糖果则是一份意外的惊喜，增添了他们逛商场的乐趣，也让家长们能够更加安心地购物。

逛胖东来的时候，如果赶上外面下起雨，顾客完全不用担心，因为胖东来的员工会在出口处为所有没带雨具的顾客发放一次性雨衣。如果顾客是骑着电动车来的，也完全不需要担心突然下雨会把车子淋湿，出门一看就会发现，所有电动车都被工作人员细心地遮盖起来。凡此种种，不胜枚举。

这些看似微不足道的小服务，不仅为顾客提供了实际的帮助，帮助顾客解决了实实在在的问题，更是胖东来服务理念的具体体现，也是胖东来与顾客之间情感联系的纽带，将顾客的心留在了胖东来。在胖东来，顾客不仅仅是购买到一件商品，更是购买了一份关怀、一份温暖。这种关怀与温暖，使得顾客愿意再次踏入胖东来，成为胖东来利润的重要来源。

在当时，很多人不理解于东来的做法，尤其是一些同行，很难理解于东来提供免费服务的初心，纷纷说他"傻"。但于东来坚信，商业的本质是创造价值，而价值不仅仅体现在利润上，更体现在人与人之间的情感连接上。他希望通过自己的努力，让商业回归最初的美好，让爱成为商业的灵魂。

在胖东来火遍全网后，很多超市、商场开始学胖东来提供免费服务，不过，大部分企业通常是"照葫芦画瓢"，只学习到其皮毛，却没有触及本质。举个例子，有个商场在广告宣传中公开承诺"服装无论从何处购买，一律免费裁裤边"，但当顾客拿着衣服来到服务台裁剪时，服务员却向他索要小票、询问他是从哪里购买的，当发现不是本商场售出的衣服时，就会设置一些门槛，比如告诉顾客："你放在这里吧，一周之后来取。如果等不及，就去其他地方裁吧。"如此"免费服务"，会给顾客带来什么样的体验？

这些企业与胖东来的差距在哪里？是真诚。如果企业只是将"免费服务"作为一种营销手段，而不是出自真诚的服务态度，最终很可能会适得其反，使顾客不满、失望，进而远离你。

说到底，顾客的期待不过是一句话：人与人之间应该"少一点套路，多一点真诚"。而胖东来赢得顾客的秘诀，就是实实在在地践行这句话，真心把顾客放在第一位，真正想顾客之所想，急顾客之所急。

不满意，就退货

现在，人们在购买商品时已经习惯了"七天无理由退货"，这一政策出自 2013 年新修订的《中华人民共和国消费者权益保护法》，于 2014 年 3 月 15 日正式实施。对于消费者权益保护而言，这一政策的出台具有里程碑的意义，它既保障了消费者的"后悔权"，给了消费者更大的选择空间和决策自由，也极大地提升了消费者的购物体验，让消费者更加放心、安心。而早在 15 年前，胖东来就极具前瞻性地制定了"不满意，就退货"的制度。

1999 年，于东来提出了一个令人瞠目结舌的全新理念——"不满意，就退货"。所有到胖东来各家分店购买商品的顾客，无论是对商品的功能、质量不满意，还是因为个人需求发生变化等各种原因而不需要这一商品了，都可以直接、快速、无条件退货。觉得从胖东来买来的面包糕点不好吃？全额退款。即使已经吃了一半，也没关系，胖东来照退不误；衣服感觉穿着不舒服？马上退；西瓜吃着不甜？给你换一个新的，再尝尝看……有一位顾客三年前在胖东来购买了一套床单，打开使用时发现床单上有一个很小的破损口，于是带着床单来到胖东来要求售后，虽然已经过去了很久，但胖东来的服务员二话没说就给这位顾客更换了一套全新的床单。

就连看电影这样主观的事情，胖东来也支持退款——如果顾客觉得电影不好看，或者临时有事要走，可以在影片开始到结束后的 20 分钟内凭票到售票处退掉电影票价的 50%。为什么退 50% 而不是全额退款呢？因为另外 50% 票款必须上交院线，如果不是这样的话，胖东来一定会毫不犹豫地 100% 退款。这个颠覆传统的退票规定的公告，摆在每一个胖东来影城入口的最显眼处。

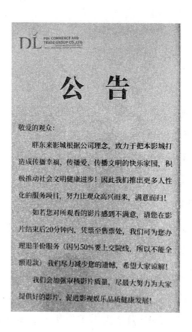

图 3-1 胖东来影城的退货政策

在 20 世纪末期的中国，这种无条件的退货承诺是非常超前的，但正如一枚硬币有正反两面，这个理念也一度给胖东来带来了恶意退货潮。一些人借此机会占便宜，比如把快要吃完的食品拿来退货，到胖东来买了西装参加完活动后再退掉。

《河南法制报》就曾经披露了这样一个案件：王某在许昌办事期间，利用许昌胖东来"不满意就退货"的经营理念和模式，在一个半月内先后 9 次在胖东来各店和新乡胖东来店等地购买食品，以食物中有异物为理由对胖东来商场进行敲诈勒索，获利 7000 余元。案发后，王某退赔了非法所得，并获得了胖东来公司的宽容谅解。[1]

面对顾客滥用退货政策的行为，胖东来的员工们感到困惑和不满，甚至将这种情况比作"农夫与蛇"。但于东来的态度却非常坚定，并没有因此而动摇他对"不满意就退货"的坚持。他深知，任何一项政策都可能遭遇挑战和滥用，但这并不意味着应该放弃初心。他相信，绝大多数顾客是真诚和善意的，不应该因为少数人的不当行为而改变对所有顾客的信任和尊重。

他还深入地探究这些不良行为背后的原因，思考为什么这些顾客在有实际需求的情况下选择退货。于东来认为，这些频繁退货的顾客可能正面临某些经济或生活上的困难，隐藏在他们的退货行为背后的，实际上是对帮助的渴望。因此，他劝解员工："他退说明他有困难，就当我们帮他一把，毕竟这样的人是少数。"

"不满意，就退货"这条简洁而坚定的服务准则，自1999年开始实施以来，从来没有改变过，而且随着时间的沉淀，这一准则还不断升级，成为胖东来服务精神的金字招牌。

2022年，"东北农嫂甜玉米"因混乱的定价以及不同销售渠道的巨大差价而引起了一场风波。9月28日晚上，有位消费者通过抖音平台上传了一条视频：胖东来超市的"东北农嫂甜玉米"和东方甄选直播间卖的是同一款产品，但价格却大不相同，胖东来超市的售价达8.5元，东方甄选直播间的价格是6元。但在"东北农嫂"自己的直播间，这款产品却只卖3.6元一根。同一款商品的不同定价，引发了人们对"一根玉米究竟值多少钱"的热议。

在这一视频发出的第二天，胖东来就马上采取了行动——宣布召回之前售出的"东北农嫂甜玉米"。胖东来发布的召回公告显示，与

---

[1] 胡斌. 顾客9次虚假投诉胖东来获利7000元！[EB/OL]. (2023-09-04) [2024-05-10].https://baijiahao.baidu.com/s?id=1776097216470897849&wfr=spider&for=pc.

胖东来合作的"东北农嫂甜玉米"供应商的采购价格是 4.2 元，加上税票以及运费后的源头采购价格是 4.6 元，供应商给胖东来的供货价格是 6 元，供应商加价率为 23%，胖东来卖场售价是厂商市场指导价 8.5 元，核算加价率为 29.4%。胖东来在公告中称，"相关的业务人员对供应商的供货价格未能进行认真严谨的审核，未能对该产品进行综合的采购评估，造成这款产品的加价率大大超过了胖东来的商品加价标准。"

在公告中，胖东来向广大消费者真诚道歉："由于我们的不专业、不严谨、不认真，造成了本次非常严重的商品采购事故！对此，冷冻冷藏课业务主管负有直接责任，相关商品部主管及门店，没有做好采购价格的把关责任、管控失职，造成了产品价格与价值严重不符！不仅违反了胖东来商品加价标准，损害了顾客的利益、辜负了顾客对我们的信任，也给胖东来公司品牌造成了严重的影响和伤害！"

基于此，胖东来决定对已经销售的"东北农嫂甜玉米"全部召回，为顾客全额退款。还做出承诺，将在门店进行三项整改：第一，门店第一时间下架该产品，商品全部退回供货商，对卖场所有产品价格、加价率及采购渠道进行全面排查。第二，审核胖东来超市商品部标准管理体系，对缺失不完善的标准进行修改和补充。第三，针对此商品价格事故的相关责任人（采购此单品的业务主管、业务处长、商品部负责人、超市部负责人）降一级三个月处理。[1]

召回公告一发布，消费者们纷纷对胖东来赞不绝口，因为这不仅体现了对消费者的负责，更体现了企业的担当。

这样的事情在胖东来并不是孤例。2023 年 1 月 21 日，有消费者通过头条平台反馈："在胖东来购买的 2.5kg 沙土牌话梅味西瓜子价格高于本地另一家超市。"对于顾客的这一反馈，胖东来非常重视，在第

---

[1] 郭梓昊. 销售价达 8.5 元！胖东来召回东北农嫂甜玉米，网友：国内企业快来"抄作业"[EB/OL].（2022-09-30）[2024-05-10].https://baijiahao.baidu.com/s?id=1745372885996988832&wfr=spider&for=pc.

一时间通知超市下架产品，并安排专人进行深入调查。

在《2.5kg 沙土牌话梅味西瓜子价格调查公示》中，胖东来对价格差异出现的缘由进行了详细解释：

"经对该商品各地区市场价格调查，2022 年 10 月份开始，西瓜子新货上市，市场价格下调，直至 2022 年 12 月 9 日，给胖东来供货的许昌经销商，才接到厂家的价格下调通知。同时，许昌经销商给胖东来递交调价通知单，计划将该商品原进价 18.5 元 / 斤调整为 16.5 元 / 斤，原售价 24.8 元 / 斤调整为 21.8 元 / 斤。

"在公司内部采购价格调查核实过程中发现，该商品的许昌经销商分别在 2022 年 12 月 9 日和 2022 年 12 月 30 日，两次向采购人员递交价格下调申请单，采购人员均未认真核查、未按照调价申请单对商品进行价格调整，导致该商品没有及时下调进价和售价，加价率超出胖东来定价标准。"[1]

在发现产品加价率失误后，胖东来马上对在 2022 年 10 月 1 日到 2023 年 1 月 22 日这一时间段购买这款商品的顾客进行退款。曾经购买过该瓜子的消费者都收到了胖东来发来的短信或者接到了工作人员打来的电话，有的顾客在外地，工作人员就主动加微信进行退款。

这种"追着退钱"的方式让顾客深受感动，纷纷到网络平台上发布评论："退差价就可以了，真没必要全退。""接到电话让我去办理退款，表示不接受退款，价格买的时候我认可了。""不管多少钱，这种态度全世界有谁能比，这才是真正为群众着想的好企业！"

值得一提的是，相比"东北农嫂甜玉米"事件，在这次事件中，胖东来进行了更加深入、彻底的反思，并且迅速采取行动对相关制度进行完善。比如在胖东来内部建立商品价格管控系统，"针对这次事件，

---

[1] 毛迎.胖东来又要退款了！[EB/OL].（2023-03-20）[2024—5-10].
https://www.sohu.com/a/656874729_121119275.

我们将对所有商品加价率进行重新梳理，而且，为了确保商品采购价格合理、使加价率符合定价标准，在与公司资讯部进行沟通后，我们将在现有软件系统上增加'价格管控'模块，将原来的人工审核价格改为系统管控，避免同样的问题再次出现。"再比如，胖东来还确立了商品差价赔付标准，"在执行胖东来《商品价格管控标准》的基础上，我们对各品类商品定价进行了严格梳理，确立了《商品差价赔付标准》，为顾客的消费安全和消费利益提供有效保障"。

虽然退的只是一件衣服、一个西瓜、一根玉米、一袋瓜子，看起来微不足道，但"虽小道，必有可观者焉"，胖东来相信，商业的美好不仅体现在大宗交易的辉煌成就上，更蕴含在对每一笔小额交易的细致关怀中。他们用行动证明，即使是一件衣服、一根玉米、一袋瓜子，也能成为传递温暖的媒介、构建信任的桥梁。

但很多人都会感到不解：胖东来到底赚不赚钱？这么退货不是亏死了吗？其实，从损益的角度来看，这一政策虽然会给胖东来带来一定的经济损失，但从长远来说，其从心理层面上为顾客创造的好感和信任，却是一种无形的资产，其价值远远超过了短期的金钱得失。对于大多数顾客来说，购买商品后，如果没有遇到切实问题，通常是不会无理由退货的，即使有个别喜欢退货的消费者，因为占比很小，损失也并不大。但这种以顾客为中心的服务理念以及对承诺的践行，却让胖东来在顾客心中建立了不可替代的地位，为胖东来带来了持续的客流和稳定的收益。

"风物长宜放眼量"，胖东来对"不满意就退货"的坚守，体现的正是一种着眼长远的商业智慧。这种坚守所折射出的，更是一家企业对商业信誉的珍视、对构建和谐商业环境的不懈追求以及对消费者权益的坚定维护。

设立服务投诉奖，让投诉变口碑

经营企业，尤其是人流密集的商超类企业，被顾客投诉几乎是百分百会遇到的事情。很多企业视投诉为洪水猛兽，避之唯恐不及，而胖东来却反其道而行之——不但一点儿都不排斥，还大力鼓励顾客投诉，甚至还在2000年设立了一个专门的奖项——"顾客投诉奖"：当顾客因为对商品质量或者服务不满意而进行投诉时，值班经理需第一时间核实确认，如果调查之后发现情况属实，胖东来就会向顾客发放投诉奖励。最初的奖励金额是200元，现在已经涨到了500元。

胖东来为什么如此重视顾客投诉？原因在于，投诉的顾客才是忠实的顾客。

一项调查揭示了一个令人深思的现象：顾客的流失并非总是因为不可抗力，如死亡（占1%），或是生活中的变化，如搬迁（占3%），或是兴趣的转移（占5%），或是竞争者的吸引力（占9%）。对产品的不满（占14%）和对服务的不满（高达68%）才是导致顾客不再光顾一家店铺的主要原因。

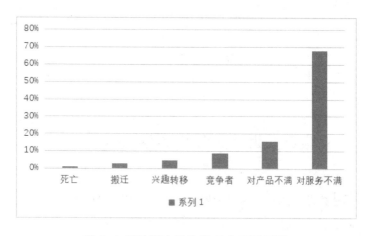

图 3-2 导致顾客流失的几个重要原因

　　当顾客感到不满的时候，会怎么做呢？人们通常认为，大部分顾客都会通过各种渠道进行投诉，但事实并非如此，根据调查数据，投诉的顾客只占全部顾客的 5%，而 95% 的顾客虽然心中充满不满，却并不会投诉。如果把对企业不满的顾客看作一座巨大的冰山，那些会向企业表达不满的顾客只是浮在水面上的微小一角。

　　但那些"沉默的大多数"虽然不发声，却往往以行动表达不满——他们会因为一次不愉快的体验就非常干脆地离你而去，转向你的竞争对手。最可怕的是，这些顾客在离开的同时，还会把对你的不满传递给其他人，形成一股强大的负面口碑流。

　　营销学上有个著名的"250 人定律"，是由美国知名推销员乔·吉拉德根据自己多年的营销经验总结出来的。在他看来，在每位顾客身后，都站着 250 位亲朋好友。如果你获得了一位顾客的信任，就意味着你获得了 250 个人的信任；但是，如果你得罪了一名顾客，也就意味着你同时得罪了 250 名顾客。而在如今这个数字化时代，借助于移动互联网和社交媒体的威力，顾客所能影响到的人数呈指数型增长，那些不满的顾客很容易就能让成千上万的人知道他的感受。这种负面口碑的广泛传播，对企业的影响是深远且难以估量的。

不是每一个顾客都会给企业改正错误、解决问题的机会，所以，企业应该以一颗感恩的心来对待那些前来投诉的顾客。有期望才会有投诉，顾客肯花时间来投诉，发几句牢骚，说几句怨言，说明他们对这家企业抱着"恨铁不成钢"的心态，说明他们对企业未来的改进和提升怀着殷切的希望，期待"浪子回头金不换"。企业更要真心地感谢这些顾客，因为他们把不满告诉了你，而不是告诉他们身边的亲人、朋友。他们选择向企业投诉，其实是给予企业一个宝贵的礼物——他们的信任和机会，他们才是企业真正的朋友。

但是，很多企业虽然意识到了投诉的意义和价值，却不能正确地处理投诉。当投诉得不到回应甚至被敷衍时，顾客又会怎么做呢？数据显示，在那些向企业进行了投诉却未能得到回应的顾客中，有81%不会再光顾这家企业；即使是向企业进行了投诉并且问题也得到解决的顾客，也有46%不会再光顾。只有当投诉被迅速且有效地解决时，顾客的忠诚度才会显著提升，其中仅有18%表示不会再光顾。

胖东来设立"顾客投诉奖"，正是为了使投诉被迅速且有效地解决。这个奖项传递了一个明确的信息：胖东来珍视每一位顾客的声音，无论是赞美还是批评，因此，胖东来鼓励每一位顾客毫无保留地表达自己的意见和建议，这能让胖东来听到最真实、最直接的顾客心声，了解顾客的需求和感受，帮助胖东来更早地发现问题，更迅速地进行回应，并采取措施妥善地解决这些问题。

为了方便顾客投诉，胖东来在商场入口、各楼层的主要位置以及商品陈列架旁边都张贴着海报，告诉顾客："如果您在购物的过程中遇到任何商品质量、价格、服务、管理或环境问题，请您光临各专厅、专柜、总服务台，我们一定会为您积极地处理相关问题，如果处理结果不能令您满意，您可以直接拨打部门值班主管电话，我们将在最短的时间里给您一个满意的答复。"胖东来的微信公众号"胖东来商贸集团"上也有专门的"意见建议"区，让顾客在遇到问题时可以以最快的速度找到他们，而胖东来也会在第一时间回应这些顾客，并给出解决方案。

"胖东来商贸集团"公众号上有个顾客意见公示台，有位顾客在2024年5月12日13:36反馈："希望能在胖东来买到平价的冰淇淋，从一楼找到四楼，最后还是买了两个最便宜的8块一个的冰淇淋。"负责这一业务的新乡生活广场二胖餐饮部小食课在当天20:43就给出回复：

"顾客朋友：您好！（主管已电话回复）非常感谢您的留言，给您就餐带来不便，真诚地向您表示歉意，主管已及时与顾客电话联系，针对顾客反馈的问题，解释如下：一楼柒格优鲜冰淇淋原料暂时缺货，暂无法销售。二楼极拉图以优质的原材料专注手工冰激凌，售价为8元一个冰激凌球，15元两个冰激凌球，22元三个冰激凌球，同城价位统一，四楼酷啵啵处有售卖草莓味和奶油味冰淇凌脆筒4元，圣代6元，欢迎您前去选购。感谢您的留言，如您在购物中有其他需要帮助的地方，除周二闭店外，可以在营业期间（周五、周六9:30—21:30，周日至周四9:30—21:00）拨打我们二胖总服务台电话：0373-281×××× 。分享先进文化理念，传播幸福生活方式，胖东来人愿和您一起走在爱的路上，释放温暖的力量。"

还有一位顾客在2024年5月12日16:08投诉商品问题："3月16日买的鞋，最近天热才开始穿，没穿多久呢，鞋带位置断开了，左脚右脚同一位置织面破了。以前一直穿这家的鞋子，还没出现过这样的问题呢。"这一投诉被迅速转到负责的部门——许昌生活广场服饰四楼童鞋课，这个部门在3小时后回复了这位顾客：

"1.看到您的留言我们非常重视，由于我们商品出现了问题，给您带来了极大的不便，我们向您致以最真诚的歉意。主管第一时间与顾客联系了解具体情况，建议顾客闲暇时携带商品到店，我们会为您办理退换货，努力达到顾客满意。

"2. 经落实，顾客购买的儿童运动鞋，鞋带连接位置开线主要是在制作过程中缝合较少，造成局部受力引起开线现象，穿着过程中由于织线磨损造成织面断裂，短期内出现破损属于商品质量问题。感谢您的反馈，这款商品已经售完，我们会对其他顾客在使用后的反馈进行重点关注，一旦出现问题，会进行妥善处理。同时，我们会要求业务部门从源头上对商品质量进行严格把控，努力提升商品品质，并要求员工在为顾客服务的过程中认真讲解商品的特性、穿着时的注意事项及售后三包范围，避免给顾客带来不便；如您有其他需要帮助的地方，可在营业时间直接拨打生活广场四楼值班电话152★★★★0508，胖东来人将竭诚为您服务，祝您生活愉快！"

胖东来以快速的响应速度，及时平息顾客的怒气，提高了顾客满意度和忠诚度，从而留住了顾客的心，为企业的长远发展奠定了坚实的基础。

当然，胖东来对于顾客投诉的高效处理，不只体现在响应速度上，更体现在善良和真诚的态度上。在处理顾客投诉时，胖东来尤其关注顾客的情绪，总是站在顾客的角度思考解决之道，"关注到细节，在一点一滴上表达温暖。照顾到顾客的心，而不是只去处理事情"。

胖东来曾经在官网上分享了一个顾客投诉处理案例，并对其进行深入地分析，告诉员工应如何将心比心，把顾客投诉转化为传递温暖和爱、服务顾客的机会。

一位顾客的留言——

昨天买的饺子，是你们包好冻起来的，结果今天冬至煮着吃呢，盛出来一碗烂半碗，都没法吃了，都倒了，只是提个建议，希望你们以后注意吧！

回复内容（修改前）——

尊敬的顾客您好：

1. 看到您的留言，我们非常重视，首先为给您带来的不便真诚地向您表示歉意。主管第一时间与您取得了联系，电话沟通后立即安排人员上门按照《客诉补偿标准》为您办理补偿，并为您赠送饺子一份。由于您不在家，我们先以微信转账的形式为您办理退货，并于24号晚上6：00再次上门赠送给您饺子一份，希望您能对我们的处理满意。

2. 针对您反馈的饺子容易煮烂的情况，我们进行了调查。这是由于制作过程中饺子未能包严实、冷冻后容易张口导致的，而在销售过程中，员工也没有按照相关的标准对商品进行认真挑拣，导致您的饺子出现了问题，影响了您的体验。根据胖东来各项管理制度，我们对相关责任人及各级主管进行了处理。同时，我们会利用例会为员工分享案例，并要求员工在上货、理货时对饺子的完整度进行检查，要求主管不定时地抽查商品，及时发现不合格的产品，避免您所遭遇的问题再次发生。

3. 如果您有其他需要帮助的地方可直接拨打我们的值班电话：187★★★★8062，祝您生活愉快！

回复内容（修改后）——

尊敬的顾客您好：

1. 看到您的留言，我们非常重视，首先为给您带来不便真诚地向您表示歉意。由于我们工作的失误，给您带来了一个不愉快的冬至，影响了您及家人的用餐心情，我们感到非常抱歉，希望您能给我们一个补救的机会，允许我们邀请您及全家在小区附近的饭店用餐。您因为小朋友太小不方便出门拒绝了我们的这一请求，我们非常理解，仍然感谢您同意我们按照胖东来《客诉补偿标准》为您以微信转账的方式办理退货。我们还特意制作了多种口味的饺子，安排专人送到您家（已于24号晚上6：00送到），并向您赠送礼品一份。

2. 感谢您提出的建议，我们在收到建议后马上对这一批次商品进行了逐一排查，因为在制作过程中出现包不严实、冷冻后裂口现象，我们已经对该批次商品进行了下架报损处理，我们还通知各个门店，严格按照食品制作标准与流程进行食物加工，确保商品的口感和品质。同时，我们会利用例会为员工分享案例，并要求员工在上货、理货时对饺子的完整度进行检查，要求主管不定时地抽查商品，及时发现不合格的产品，避免您所遭遇的问题再次发生。希望您多向我们提出宝贵意见。

3. 如果您有其他需要帮助的地方可直接拨打我们的值班电话：187★★★★8062，祝您生活愉快！

客诉分析——

1. 大家对比修改前后的回复，是不是修改后更有温度，让顾客心里面很舒服呢？因为你照顾到了"因为我们的商品问题，导致顾客产生了不愉快的情绪"，顾客知道自己的心情被理解，已经觉得很好了！将心比心，相互懂得的时候，就不会再去计较了！当你又主动承认我们的过失、真心的道歉，并邀请他们吃饭去尽量地弥补，顾客怎么会不接受呢？

2. 客诉的处理，不能总是本着一份工作的态度，生硬地、缺乏情感地套用模板，而要用善良和真诚去支撑起处理的过程，没有什么标准而言！标准只是为了保证最基本的方式，要高于标准，去处理问题！

3. 以后，但凡是商品品质有问题，顾客提出来也确实存在，要在卖场当着顾客的面，对批次进行销毁！如果顾客不在，就拍摄视频发送给顾客反馈，让顾客真正的放心！就像端午节对存在安全隐患的裸装粽子，全部进行销毁一样，不能失去顾客对我们的信任！

4. 说到就要做到！关于商品品质，各个部门的排查、员工的上货把控环节等，要切实地落实到位，通过客诉查找到我们工作的漏洞和标准的缺失，优化和完善流程！

在胖东来看来，处理顾客投诉，"最重要的就是关注到顾客的心"。当顾客的心变得熨帖了、温暖了，投诉就会变成口碑，成为免费的广告，为企业带来源源不断的新顾客。让一个顾客满意，就像点亮了一盏灯，会照亮一大片顾客。

每个角落都有"碎碎念"

于东来曾说："我一听到顾客说胖东来哪里不好，我的心就像被刀割一样难受。但是我一看到他们来胖东来买东西都是高高兴兴的，我的嘴也会笑得合不拢。"

为了让每个顾客来胖东来"都是高高兴兴的"，胖东来永远把顾客需求放在第一位，把顾客体验当成头等大事，尽最大努力把服务做细，把每一个细节都做到极致。

在胖东来，每个角落都有"碎碎念"，随处可以看见温馨的提示。比如，在橙汁商品旁边，胖东来会贴心提醒："鲜榨果汁，静置易有沉淀，喝前摇一摇口感更佳哦！"在水果区，胖东来不仅会标明生产地，甚至会把含糖量、成熟度都写得清清楚楚。食材调料旁边，都用小卡片备注如何挑选如何使用，甚至连食谱都备注在一旁。这些小卡片，就像是一个个小小的知识库，让顾客在购物的同时，也能学习到食材的挑选和烹饪技巧，提升自己的烹饪水平。在食用油区，胖东来会细心叮嘱顾客不要食用"千滚油"，因为千滚油中含有反式脂肪酸，长期摄入会对人体造成伤害。这些细致入微的提示与叮咛，不仅仅是对商品信息的补充，更是胖东来对顾客的温柔关切。而顾客在逛超市的同时，还上了一堂科普课程，真是双丰收。

为了让顾客的购物体验更好，即使是最普通的购物车，也被胖东来赋予了特别的温度和巧思。为了满足不同顾客群体的需求，胖东来精心准备了7款各具特色的购物车，每一款都是对顾客体验深思熟虑的结果。每个购物车都有不同的容量提示，顾客可以根据当天的采购计划选择适合自己的车，这样可以减少空间的占用和浪费。老年人用的购物车上不仅配备了舒适的小凳子，让老人家在购物途中可以随时随地坐下休息，还特别安装了放大镜，方便他们在挑选商品时能更清晰地查看价格和产品信息。而针对小朋友，胖东来同样考虑周到。迷你购物车的设计，让小宝宝们能够自己推着小车参与购物，增加了他们的参与感和乐趣。在这里，无论是天真烂漫的孩童，还是耄耋之年的老人，都能找到适合自己的购物车，享受到一段舒适、愉快的购物旅程。

清洁工们会用木屑精心清洁超市的地板，还会用扇子把地面扇干，避免因湿滑带来的安全隐患。海鲜区通常是水渍和腥味的常见之地，但胖东来的清洁工们却能一直保持地面的干爽和清洁，使地上没有一滴水渍。无论外面雨落如注还是雪花飘飘，每一位顾客的脚下都是干净和安全的。

生鲜区域的工作人员为顾客提供免费生肉处理服务，如剁块、打馅、打片、去皮以及活鱼宰杀、切片、剁块、清洗等，同时搭配烹调菜谱、免洗消毒杀菌液、一次性手套、口罩等供顾客使用。如果买了排骨，工作人员在为你剁排骨之前，总会细心询问一句："家里有没有小孩子？"如果有，他们会把一部分剁得小一点。

每当新鲜的鱼类运回超市，工作人员不会着急将它们摆上货架，而是先进行一道特别的工序——给鱼"瘦身"。他们会把鱼放到清水里，等它们自然吐净体内的滞留物后，再进行出售。经过这样的处理，每条鱼的重量会减少约15%，但胖东来却始终坚持这一做法，他们深知，食品的新鲜与安全远比短期的利润更为重要。

如果胖东来的工作人员觉得某种水果还没有达到最佳的成熟度，会在周围围上栏杆，并立上提示牌，告知顾客这些水果"暂不售卖"。胖东来的货架上，所有蔬菜瓜果都经过了精心的筛选和修剪，整齐划一地排列着，看上去非常养眼。胖东来还会教顾客如何挑选好吃的水果，比如哪个颜色的香蕉更好，哪一种西瓜的口感最脆爽。如果顾客担心不好吃，工作人员会鼓励他先尝尝看再买。

于东来说，"我要把胖东来打造成商业的卢浮宫、商品的博物馆。""我们不是将商品卖给顾客，而是把幸福传递给顾客，让每一位顾客都能享受商业之美和艺术之美。"于是，在洗衣机区，胖东来精心打造了一面"历史墙"，它记录了从世界第一台洗衣机诞生至今的发展历程。这面墙不仅是时间的见证，也是技术的缩影，让顾客在选购洗衣机的同时，也能了解洗衣机的演变历史，感受到科技的进步和创新的力量。热水器区则像一个小型科技馆，将热水器的工作原理以图解的形式直观地展示给顾客。这不仅让顾客对热水器的工作原理有了更深入的理解，也增加了购物的趣味性。摄影器材区则像是一个摄影学院，不仅有单反机身、镜头等专业摄影器材的展示区，还有一整面墙的示范照片，教授顾客如何拍出精彩的照片，帮助顾客提升摄影技能，让顾客在享受摄影乐趣的同时，也能创作出属于自己的艺术作品。

胖东来在门口专门设置了宠物临时存放区域，配备了凉棚和饮水机，让萌宠们可以在这里安全、舒适地休息，工作人员还会定时查看宠物状况，给它们喂食喂水。这些细节让顾客在购物时非常安心，知道他们的宠物也被妥善照顾。

在电玩城的抓娃娃机区域，顾客只需要向工作人员说自己最想抓哪个玩具，工作人员就会贴心地将它们摆放在最容易被抓取的位置。

最夸张的是，就连包装袋旁都会配备湿手指肚专用小球，这个小物件虽不显眼，却极大地方便了顾客拿取连卷袋选取商品。

这样的细节，数不胜数。大多数超市没有关注到的细节之处，甚至连消费者自己都没有想到的细微需求，胖东来全都考虑到了。

有人戏称，如果服务有考试，胖东来不仅能把附加题答满分，甚至还会给自己"出题"，提高服务门槛。比如，如果顾客在胖东来没有找到自己想要购买的商品，可以联系胖东来，胖东来会帮他采购到他所需要的商品。

《讲述胖东来与您的故事》曾经刊登过一个关于 4 两荞麦面的故事：

我是许昌县一高的一位教师，平时忙于教学，很少光顾商场。不想近日为了购买为母亲配药所需的 4 两荞麦面，跑了不少门市部，也真正感动了一次。

7 月 12 日上午天下着雨，就为这 4 两荞麦面，我不得不顶风冒雨，寻寻觅觅，几乎跑遍了许昌市区大街小巷的所有粮油店（现在农村也很少种荞麦）。可店主不是说没有了，就是觉得量太少，不值得费那事。时至中午，几乎绝望的我路过火车站附近的胖东来量贩，便抱着试试看的念头直奔粮油经营处，一问也没有，我一下子像泄了气的皮球，腿也变得沉重起来。

待我说明急于购买这 4 两荞麦面的用途后，不想问题也就有了转机。营业员热情地说："这里有意见簿，请你写上去。"我急忙说："我不是给你们提什么意见，而是想请你们给帮个忙。不想营业员笑容可掬地说："你写上就可以了。"我迟疑了一下，心想不少店家的意见簿都形同虚设，就又直截了当地问："这意见簿有人看？"营业员好像看出了我的心思，笑着解释道："我们领导每天都看，对所有问题都认真处理。"说到这般地步，我也就心存侥幸地写下了我的姓名和电话号码，至于荞麦面的用量，我不好意思写 4 两，而是写了 1 斤。

回到家后，我和先前一样依然对此事不抱什么希望。然而就在第二天下午 5 时许，胖东来量贩的电话打来了，问清了我家的详细地址，大约 6 时许两位男同志匆匆赶到我家送来了我踏破铁鞋无觅处的一袋荞麦面。我立刻感动得不知说什么好，只是忙着切瓜倒茶，但被两位同志婉言谢绝。我看他们执意马上要走，就慌忙付钱。可他们就是不要，只是说："大娘有病，这是我们应该做的，一点荞麦面用不着付钱了。还需要啥尽管说，我们能帮忙的一定帮忙！"说完他们就匆匆地走了，目送他们的身影，我含着眼泪掂量了一下那袋荞麦面，感到远远不止 1

斤，用秤一称，4斤。[1]

在胖东来的各个卖场里，在很多显眼的地方都张贴着这样的温馨提示："因为陈列位置有限，如果你在卖场购买不到您所需要的商品，可以留下你的联系方式，我们将单独为您采购。"胖东来还专门开设了一个特殊的热线，叫作"急购热线"。当顾客在胖东来未能找到自己想要的商品时，就可以拨打这个热线，胖东来会利用强大的供应链网络为顾客寻找货源并免费采购，让顾客不必费力就能获得自己想要的商品。

如果只能用一个字来形容胖东来的服务，那一定是"细"。毫不夸张地说，只要顾客踏进胖东来的门槛，他所有的需求都会被胖东来一一满足，这并不是夸夸其谈的大话，而是每个到店购物顾客的真实体验。

很多人都说"零售业难做"，但其实，真正触动人心的瞬间往往只在一刹那。搞好细节，就是在竞争激烈的环境下获得人心的关键。一家企业，如果能在服务中设身处地为顾客着想，甚至超越顾客的期待，自然能够获得他们的心，又何须担忧门前冷落车马稀？这也是为什么顾客会说："相信你来过一次胖东来，就一定不会只来一次。"

值得一提的是，胖东来不只善待能直接为他们带来收益的顾客，还把这种爱与关切扩散到了周边社区和为社会默默做着贡献的各种群体身上。

于东来认为超市的运营会给周边的居民带来一定的影响，所以胖东来就将超市附近居民的水电费全包了。

对于那些风里来雨里去、为顾客提供便捷服务的外卖小哥，胖东

---

[1] 顾客，郭宝玉 . 四两荞麦面 [EB/OL].（2022-05-19）[2024-05-10].https://mp.weixin.qq.com/s?__biz=MzUzNzU3MTU4Ng==&mid=2247541696&idx=2&sn=d90b85a01942ef43b7b8d9a9e98df282&chksm=fae69badcd9112bb71cd51bc2370b49a53cf4170cffe11895f3fbae4431b800dc2e0ed1a49e2&scene=21#wechat_redirect.

来不仅在卖场后门特意准备了一片区域专门用来存放外卖订单，并在墙上贴明号码牌，方便骑手取单，还为他们提供不限量的免费餐食，对那些超重订单还会进行每单 10 元的额外补贴。

胖东来门口还为环卫工人提供了爱心驿站。这个 24 小时开放的小站，无论是在晨光熹微的清晨，还是在夜幕低垂的傍晚，总能为环卫工人提供一杯温水，为他们驱散一天的疲惫，送上一份贴心的关怀。

在许昌，很多人都会说这样一句话："许昌人都被胖东来惯坏了，去了别的超市总觉得差点意思。"每当听到这样的评价，于东来总会开心地哈哈大笑："一路走到今天，我的希望不是做生意，而是想让更多人幸福地生活。"

第四章

扩张：深耕许昌，飞速发展

　　胖东来正是在零售业态快速发展的黄金时代应运而生，它赶上了行业的风口，抓住了时代的机遇，并由此开始了扩张之路，实现了从一家店到多家分店的华丽蜕变。

　　不过，与其他连锁品牌不断跑马圈地、寻求做大的雄心壮志相比，胖东来的野心并不大，它虽然也迈出了扩张的步伐，却没有盲目追求版图的扩大，而是始终专注于许昌这一方水土，深耕细作，用心服务本土市场。这种审慎而深思熟虑的战略选择，使胖东来能够更加精准地把握当地消费者的需求，提供更为贴心的服务。

　　胖东来的这种专注，为其后来的发展奠定了独特的底色。

实施股份制，共享剩余利润

创业注定是漫长而又充满变数的旅途，无数选择交织在一起，构成了企业独特的发展轨迹。每一次选择，都如同在命运的长河中投下一颗石子，激起的涟漪或许微小，却能引发连锁反应，影响着企业这条航船的方向。2000年，于东来做出了一个决定胖东来未来发展的选择：实施股份制。

这一年，于东来将胖东来50%的股份分给了辛勤工作的基层员工，40%的股份分给了为企业管理做出巨大贡献的管理层，还有5%的股份设立为奖励基金，用以激励表现卓越的团队和个人，而他自己只保留了5%的股份。

在当时的中国企业界，这样的举措是非常罕见的。它不仅标志着于东来对企业控制权的一次大胆放手，更意味着胖东来从此转型为一个真正意义的集体所有制企业。

这不只是一次股权的重新分配，更是一次企业文化和价值观的重塑。通过这样的改革，于东来向所有员工传达了一个明确的信息：每个人的贡献都是企业成功不可或缺的一部分，每个人的努力都值得被尊重和奖励。他希望通过这样的方式，把公司的未来与员工的利益紧密绑定，激发出团队更大的潜能和创造力，共同推动企业向着更加辉煌的明天迈进。

利用股权来激励员工，古已有之。几个世纪以前，中国最杰出的商人群体——晋商就以其卓越的商业智慧，开创了"身股"制度，这不仅是对传统商业合作模式的一次革新，更被视为现代股权激励的前身。

关于晋商，有这样一种说法："凡是有麻雀飞过的地方，就会有山西商人。"这句话生动地描绘了晋商的足迹遍布之广，影响力之大。晋商的辉煌历史，始于宋代，到了明清时期，他们已经成长为国内最繁荣的商帮之一。在那个时代，晋商不仅在国内商业中占据举足轻重的地位，更在国际贸易的舞台上发挥着不可或缺的作用。从江南水乡的富饶之地，到边疆大漠的荒凉之境，晋商的足迹遍布祖国的大江南北。他们以敏锐的商业嗅觉，开辟了一条条商路，其中最为人称道的，便是足以与丝绸之路齐名的"万里茶路"。这条路线不仅促进了商品的流通，更加强了文化的交流，成为连接东西方的重要纽带。晋商在商界留下的深远影响，不仅仅体现在他们的商业成就上，更体现在他们所倡导的商业精神和理念上。其中，"身股"制度的创立，就是晋商留给后人的宝贵的精神财富之一。

晋商的"身股"，又被称为"顶身股"，是晋商票号中一种独特的组织管理及利润分红制度。根据史料记载，晋商票号中的利润分配通常有三种"股份"参与，即银股、身股和财神股。银股指财东（出资人）在立合约时的股资。财神股可以看作现代的公积金。身股则是票号中的掌柜（经理）以及资历深又有功劳的伙友（职员）的报酬，也以"股"的形式分配。

身股是晋商的利益分配机制中的最大亮点。身股不需要真正出资即可拥有，并且与银股享受着同样的权利。身股的分配根据伙友的资历深浅而有所区别。通常来说，总号掌柜分得的身股为1股，在与财东确定雇佣关系时，合约里会写明这一点。随着票号的经营发展，其他伙友（职员）也有获得身股的机会，不过，合约中一般不会提及。顶身股者得到的利益是多重的，既有分红，还有"应支"和津贴等。身股按账期计算，伙友离开票号或去世即停止。不过，一些曾为票号做出巨大贡献的顶身股者去世以后，还能领取一段时间的"故身股"，这是"身股"的一大亮点，也体现了这一机制的人性关怀。顶身股也不是一旦顶上股份就能高枕无忧的，如果伙友在工作中出现了重大纰漏，股份也会被酌情扣除，严重者甚至会被开除出号。

对于企业来说，利益分配是一个非常关键的问题，而晋商很好地解决了这一问题。身股把所有员工的个人利益与企业的整体利益联系在一起，确保了那些有能力者的稳定、忠诚，从而把一批又一批员工变成了外姓的自家人，使他们树立一种"企业兴我兴，企业衰我衰"的观念，从而为企业的兴旺而奋斗。

大德通票号大掌柜高钰就是一个典型的例子，他从少年时就进入乔家当学徒、做伙计，一直兢兢业业，凭借自己的能力当上了大掌柜，四十年鞠躬尽瘁死而后已，正是因为身股制在让他的经商才能得到充分发挥的同时，也让他得到了丰厚的物质回报。1908 年，高钰作为大掌柜顶一股身股，分得了 1.7 万两白银。而在当时那个年代，一两半白银就可以买一亩地，一个七品县令的年薪也不过 45 两白银。高钰于 1919 年去世，到 1925 年大德通仍向他的家人分红利八千两。有这个先例，接任高钰职位的总经理必然也会把大德通的生意当成自家生意一样经营，激励着一任又一任的继任者为大德通卖力工作。

这是晋商创造票号辉煌业绩的动力所在，也是晋商家族企业崛起并在数百年内长盛不衰的奥秘。直到今天，身股制度对于企业仍然有着巨大的借鉴意义。

而于东来正是从古人的智慧中汲取灵感，巧妙地运用股份这一纽带，将员工与企业的命运紧密相连。"分了股份，他们会更用心去做，因为他们也是企业的主人了。"于东来深知，将股份分给员工，员工所得到的不仅是一份物质的激励，更是一种精神的认同，这能唤醒他们内心深处的主人翁意识，让他们意识到自己不再是单纯的劳动者，而是企业的共同建设者和受益者，从而对胖东来产生归属感和责任感。

过去，胖东来与员工之间是一种雇佣、交易的关系，这种关系是以胖东来为中心的，胖东来为员工提供薪酬，员工完成绩效，然后再由管理层对员工进行管理与考核。这导致员工只是被动地工作，缺乏积极性和主动性。

而进行了股份制改革后，员工与胖东来有了一种全新的关系。员工不只是被雇佣者，更是胖东来的事业合伙人，彼此之间是合作关系。胖东来开始以员工为中心，以企业的愿景为中心，追求与员工的共享和共创，而作为企业家，于东来对员工施加的不是管理与考核，而是影响与激励。这种转变促使员工产生了心态的变化，他们不再被动地等待分配工作，而是会主动工作，会积极地为胖东来奉献自己的才智，成为支撑胖东来稳健发展的中坚力量。

回顾过去，于东来始终认为是这一选择引导胖东来走向今天的成就："要让创造财富的人分享财富。从 2000 年开始，我们按照这个理念分配企业的财富，这十几年来，一直坚定着这种信念一路走来。正是有了胖东来的股份分配，所以才有今天的胖东来。所以我们感受到很多纯洁的爱和温暖，所以我们感受到了很多的快乐和幸福。"

同样经营企业，有人只是商人，而像于东来这样的人却成为了企业家，为什么？

从某种程度上来说，人生观的差异，是商人与企业家的根本区别之一。当然，无论是商人还是企业家，都应该有一个共同追求，那就是获取利润。如果商人不追求利益，就不会从事商业活动。企业家不追求利益，就是对员工、对股东的不负责任。但是，在这个基础上，他们又衍生出各自的人生观与价值观，这也符合马克思主义理论中所提到的"经济基础决定上层建筑"的理论。不过，将商人与企业家真正区分开来的，是对利益的态度。商人将利润当成结果，一心追逐。而企业家则把利润看成是一个过程，他们肩负着更大的使命，坚守着自己的原则，努力实现自己的理想。对于商人来说，人生最大的价值是为自己谋求利益，而对于企业家来说，他们希望创造的真正价值，是企业的未来和长远发展，是为员工、顾客乃至整个社会谋求福利。

正是在于东来这种"与员工分享利益"的人生观的引导下，胖东来才越走越远，实现了一次又一次飞跃。

成立"四方联采"，以量大换低价

2001 年发生了一件对中国经济发展有着里程碑意义的事件：这一年 12 月 11 日，中国正式加入世界贸易组织（WTO），从此与世界经济同频共振。在随之而来的 2002 年，中国零售市场迎来了一场前所未有的变革。沃尔玛、家乐福、麦德龙等跨国零售巨头在中国疯狂扩张，这不仅为中国零售业注入了新的发展动力，也带来了成长的阵痛，尤其是给众多中小零售企业带来了巨大的冲击。

面对日益激烈的竞争，中小零售企业的老板们努力寻求生存与发展的策略。有的企业选择深耕本地市场，通过提供更加贴近本地消费者需求的产品和服务，来吸引和留住顾客。有的企业则通过引入新技术，提高运营效率，降低成本，以更优惠的价格吸引顾客。还有的企业则注重提升员工的服务技能和态度，通过提供更加优质的顾客服务，来提升顾客满意度和忠诚度。

于东来是怎么做的呢？那一时期，他也不断思考应对策略，他曾说：国际零售巨头的迅速发展，我们阻止不了，我们能够做的，就是做好自己。做好了自己，我们就可以和这些国外的大企业抗衡，最不济，我们也会被它们看中，被它们收购。这样，我们的企业还在，我们企业员工的饭碗也在。

为了"做好自己"，于东来走上了一条与众不同的、极具开创性的路：与信阳西亚公司、南阳万德隆公司、洛阳大张公司三家零售连锁企业共同组建了联合采购、联手发展的自愿连锁组织机构"四方联采"。

早在 20 世纪 90 年代，于东来就认识了大张公司董事长张国贤、南阳万德隆公司董事长王献忠、信阳西亚公司总经理沈世泉。他们都是做零售的，在一起总有聊不完的话题，互相非常投缘。每隔一段时间，他们就相约一起喝喝茶，这一来可以联络感情，二也可以互相交流一下生意心得和业界消息。

2001 年，跨国零售巨头和国内大型连锁企业开始向河南零售市场发力，他们几个人都不约而同地感受到了一种前所未有的压力。一次，在麻将桌上，往日特别能侃的大张公司老板张国贤突然感慨生意难做，引发了其他三个人的深切共鸣。究竟如何破局，成了他们最为关切的问题。

经过一番热烈的讨论，四个人达成了一个共识：如果单打独斗，恐怕只有死路一条。只有联合起来，才有生存的希望。于是，他们萌生了合作起来共同发展的念头。

2002 年，在共同愿望、共同追求的驱动下，胖东来公司、大张公司、南阳万德隆公司、信阳西亚公司自愿结为一体，正式成立"四方联采"，以"诚信经营、按合同给供应商结账、给员工足额发放工资"为基本前提，逐步展开合作。为了表示决心，四家公司各拿出 200 万元作为合作的初始信用保证金。自那之后，四家公司就结成了"战略联盟"，互通有无，互为助力，共同发展。

"四方联采"成立后遇到的第一关，是家乐福、沃尔玛先后进入洛阳市场。四个老板坐在一起，探讨如何才能应对这些巨头的冲击。于东来认为，家乐福的管理，他们一时半会儿是学不会的。但是，可以用价格来吸引顾客，因为逛超市的顾客对价格都是非常敏感的。而要压低商品价格，最直接的方式就是联合采购——集合四家企业的订单需求，组团向上游采购环节压价，以更大的量换取更优质的价格。这不仅能为他们带来成本上的优势，还能增强整体的市场竞争力。大家纷纷表示赞同。

"四方联采"先是和宝洁、雀巢等一些一直都谈不下价的知名品牌谈判，希望先拿下知名品牌，再以此为筹码，说服中小品牌降价。但是，这些品牌的态度大多不冷不热。

他们这才意识到，虽然想法是美好的，但是对于宝洁、雀巢等知名品牌来说，像胖东来这样的超市规模还是太小了，与家乐福、沃尔玛相比订单量也太小。即使这些知名品牌愿意给予一定的价格优惠，但由于订单量较小，整体的合作效益并不如预期。更深入地核算成本后，他们发现，除了采购成本之外，配送、物流等环节的成本也很高，而这些成本的增加并没有因为直接采购而得到足够的补偿。换句话说，虽然采购价格降了一些，但总体成本的优势并不明显，甚至可能出现得不偿失的局面。

运作半年后，他们不得不面对现实，放弃了这条路。

一条路行不通，那就想别的路。这一次，他们认为不应再求大而全，而是应该在自己擅长的领域做文章，进行错位经营。比如，大张公司在生鲜蔬菜运营领域经营多年，很有优势，而初来乍到的家乐福是不可能在短时间里拿下大张公司独有的多种采购渠道的，价格肯定无法压缩。

于是，四个人商定，在每月的促销会议上，四家公司一起制订促销计划，然后统一采购生鲜蔬菜商品，对低价拿到的商品进行特价促销。

这一招果然奏效了。因为价格便宜，很多顾客特意绕远到大张超市来买菜，就连批发市场的商人也找上门来，愿意直接通过"四方联采"进货。四个人开了个碰头会，一致认为这是一件好事，在保证不缺货的情况下，把剩下的蔬菜打进批发市场，既降低了库存，又增加了新的利润增长点。

这一仗打得很漂亮，虽然家乐福进入了洛阳市场，但在"四方联采"的支持下，大张超市的营业额不但没有下降，反而不断增长。在于东来看来，这样的模式可以复制到更多的市场："不要盲目做大，盲目扩张，先争取在局部或某几个点上做好做强，形成区域优势，在一个区域变成绝对老大。试想，如果中国每一个区域都有这样一个强势企业，沃尔玛、家乐福就奈何不了我们，因为在每一个区域他们遇到的都是强大的对手。"

"四方联采"初次携手合作大获成功后，联合的范围从生鲜蔬菜又扩大到了水果、干货、服装等更多领域。四家企业各自的优势与资源被充分地整合起来，同时，各自最擅长的"独家秘笈"也被提炼出来，形成了一个可以复制的运营模块，然后在四家企业推广应用，形成了"组合先进的超市运营模块"。对于这种运营方式，于东来曾进行过总结："我们先有实践，将实践定为程序，将程序上升为理论，最后将理论制度化，倒过来再用制度化来规范实践。"

在四家企业的共同努力下，生存关总算过去了，但是，经过这段时间的发展，"四方联采"却有了一些微妙的变化。四家公司原本就在实力上有所差异，胖东来和大张相对更强一些，联合之后，这两家公司的发展更是如虎添翼，不仅营收大幅度增长，利润率也超过了其他两家公司。继续这么发展下去，会不会出现大鱼吃小鱼、快鱼吃慢鱼的局面？如果胖东来和大张向本地之外拓展，会不会挤占西亚和万德隆的市场？这些担忧时不时地浮现在每个人的心头，但又无法言说，更难以找到解决之道。

就在这时，与"四方联采"同时期组建的另一个家电零售企业联盟"中永通泰"宣告瓦解。"中永通泰"也是在2002年成立的，由北京大中、上海永乐、河南通利、青岛雅泰等5家家电零售企业倡议成立，是一个区域性的家电连锁统一采购平台。凭借着联合采购，这一联盟在很短的时间里就在家电领域打响了名气，只用了一年的时间就聚集了全国16家区域家电连锁企业。

中永通泰成立一年多后，内部成员却跨区域渗透经营。尤其上海永乐北上，据说破坏了当初联盟协议"联盟成员相互之间不介入对方市场"的规定，使得中永通泰名存实亡。然而，随着市场规模的不断扩大，联盟中实力较强的大中、永乐等企业越来越不安于在区域市场的发展，迈出了在全国市场的全面扩张步伐。为了加快扩张速度，它们不惜违背联盟协定，收购、吞并广州东泽电器、河南通利量贩、成百家电、厦门思文等成员企业，导致联盟名存实亡。

于东来清醒地看到，"中永通泰"就是"四方联采"的前车之鉴。于是，他当即打电话给张国贤、王献忠和沈世泉，约他们一起聚聚，谈谈这件事。他们对"中永通泰"失败的原因进行了深入的分析：成员企业多，而且分布在很多省份，彼此相距较远，沟通起来极其不便，而且联盟内部的沟通只限于高层和某个具体的业务部门，没有实现更深、更广的交流，这导致它们逐渐离心离德，最终偏离了当初成立这一联盟的初衷。

王献忠感慨，这些公司虽然联合在一起，但从本质上说仍是竞争对手，如果各自都有自己的"小九九"，只算计自己的利益，那么形成联盟就如同陷入了零和博弈，注定不能共赢。

那么，"四方联采"是否也会像"中永通泰"一样因为利益而分崩离析呢？这个大家共同担忧的问题，如同悬在众人心头的一块沉重石头，终于被抛了出来。

直面这个残酷的问题后，他们发现，找到这个问题的答案并不难，只需要理性进行分析："四方联采"的四家公司都在河南省，并且呈扇形分布在河南省的西南部，空间地域的接近使他们能够进行高频度、多层次、全方位的沟通，而地缘文化的接近又使他们互相接纳、认可和交融；四家公司都是零售企业，企业业态的接近使他们有了共同语言；四家公司的外地采购市场基本一样，供应市场的同一性使它们的信息与资源得以共享；四家公司都在各自的地区开店，业务地域并不冲突；更重要的是，四家公司有着共同的经营理念和理想追求，这使他们不愿意为了短期的利益而放弃能给他们带来长远收益的合作。

以"中永通泰"为鉴，杜绝"窝里斗"，成了四个人的共识。为此，他们定下了一个"君子协定"：大张在洛阳，胖东来在许昌，西亚在信阳，万德隆在南阳，各个成员不得跨出自己的营运范围，不进入其他方经营地域。这个协定从区域上对四家公司的势力范围进行了划分，消除了潜在的竞争隐患，使彼此更加紧密地联合在一起。

不过，只有"君子协定"还是远远不够的，要想使四家公司深度融合，还要在文化、业务、管理、制度等多个维度相互学习，实现"共进退"。

文化融合是先导。了解这四家公司的人都知道，他们的企业文化有异曲同工之妙。胖东来以"创河南名店，做许昌典范"为口号，西亚提出了"建设温馨和谐的卖场，创造幸福美好生活"的愿景，万德隆提出"有家就有万德隆"，大张公司则以"走连锁之路，创民族品牌"为目标。这些文化理念虽然表述方式各不相同，但都把企业所应承担的社会责任作为立业之本。这种文化上的趋同，为"四方联采"奠定了坚实的基础。而每年全体员工大会的共同设计和参与、2003年的栾川之行、2004年的西藏之旅等也极大地促进了四家公司的进一步融合。

"一个联合组织如果没有崇高的理想，只为利益往往是比较脆弱的。"于东来的这句话，或许正是"四方联采"不但没有走向解体反而越联越紧的真谛。

业务上的协同是"四方联采"紧密联合的另一个重要原因。四家公司不仅在老板层面上进行频繁的沟通，部门与部门、门店与门店之间也时常展开交流与学习。每月的业务交流会、每月促销会、节日备货计划会、管理研讨会、月财务数据的交流，以及四家公司员工的整体培训都成了雷打不动的例行工作。

不仅如此，四家公司还在集思广益下决定通过各种方式将各方的利益紧紧捆绑在一起，让大家站在同一条船上。比如品牌共享，万德隆曾使用大张的大卖场品牌——盛德美在南阳开店。再比如，不断进行多业态组合的尝试——大卖场、标超、生鲜超市、百货、便利店等业态齐头并进，在区域市场上编织一张牢不可破的零售渠道网，把各自的利益编织其中。

共享的范畴不仅限于品牌和运营，还包括管理经验。张国贤对于东来的管理才能赞誉有加，专门请他到大张公司当一年专职董事长和总经理。于东来答应了，但提出了两个硬性条件：第一，代管这一年，张国贤要完全退位，大张公司必须执行他制定的管理规章制度，并且不许改；第二，如果这一年出现亏损，不管亏多少钱，他都包赔。

于东来到大张公司走马上任后，烧的第一把火竟然是给员工涨工资！据说，于东来第一次到大张公司开会，就对员工们说："你们张总委托我给你们涨工资。"当时，大张公司的员工月平均工资只有 600 多元，于东来上任后，就连最基层的员工月工资也涨到了 1000 多元，这在洛阳已经算得上是高工资了，一些跨国零售企业门店的基层员工工资也不过 800 元至 900 元。有个部门经理知道这件事后，马上打电话向张国贤汇报，张国贤让他听于东来的，他说什么照做就行。[1]

工资涨了，人工成本增加了，但带来的效益也是极其显著的——于东来到大张公司短短几个月，大张员工的工作热情就被充分调动起来，门店收益率大幅度提升。

当然，于东来并不是盲目地为了涨工资而涨工资，他对员工工资的调整是有体系的，既让员工在短期内得到实惠，也让他们看到未来企业能够给予他们的回报，这就牢牢地将员工留在了企业中。于东来代管大张公司的第二年，有两家跨国企业在洛阳开店，先后到大张超市挖人，但员工丝毫不为所动。

张国贤对于东来真是佩服得五体投地，连连说，把公司交给于东来，他完全放心。

在一次采访中，张国贤深有感触地说："（于东来的这把火）不是烧痛了我而是烧醒了我，提升工资不是费用，而是一种投资，是投资人心。东来带着他团队的 20 多名精英来给我们投资人心，来帮我们提升管理，而且分文不取，将心比心，我怎能不支持他的工作呢？家乐福来了，沃尔玛来了，我们拿什么去和人家竞争，资金运作、管理经验我们现在肯定比不过人家，我们只能从自己的身上做文章，充分

---

[1] 宋家明. 四方联采：自愿连锁的烽火 [EB/OL].（2008-05-22）[2024-04-26].https://www.docin.com/p-1515409783.html.

发挥自己的优势，调动起我们员工的积极性，扬长避短，在局部和某几个超市项目上超过他们，这样我们才有可能在未来赶上或超过他们。"

这之后，于东来又如法炮制，对万德隆进行了治理。这一次，他在涨工资上做得更加"离谱"。为什么说离谱呢？于东来到了万德隆后，理货员的月薪从 600 元涨到了 900 元，中层干部的月薪从 2000 元涨到了 5000 元，而店长的月薪从 5000 元涨到了年薪 20 万！不仅如此，于东来还自掏腰包，给每个店长买了一辆车，他告诉店长们，只要干满 6 年，就算以后离职了，也可以把车带走。

于东来的这些做法，王献忠虽然嘴上说坚决支持，但心里却七上八下，不知道到底行不行。他悄悄算过一笔账：如果按这种方法涨工资，人力成本就会大幅度提高，按照上一年的盈利水平，公司估计要亏 1000 万元。

不过，令他惊讶的是，万德隆当月的营收额提升了 40%。一年下来，不但没有亏掉 1000 万元，反而挣了 1000 万元，相比上一年，利润翻番！[1]

"四方联采"为四家企业带来了丰厚的回报：企业年均营业额增速均超过 50%。

2006 年，为了让"四方联采"有更大的发展空间和更好的发展前景，"四方联采"以整体形式加入了 IGA（国际零售商联盟，1926 年成立于美国，是世界上最大、最早的自愿连锁体系），实现了本土自愿连锁组织与世界著名自愿连锁组织的成功对接。2007 年 4 月，由中国 IGA 主办、"四方联采"承办的"中国 IGA 发展战略峰会暨 2007 年第一次董事长会"在洛阳成功举行，IGA 国际董事局主席海盖、亚太区总裁叶毓政和 IGA 中国各成员企业老总参加了会议，IGA 对"四方联采"在自愿连锁及企业自身发展方面取得的成绩给予了高度肯定和赞赏。

---

[1] 王慧中 . 胖东来，你要怎么学 [M]. 北京：龙门书局，2014.

　　但对于东来来说，"四方联采"的未来远不止于此，2007年，他曾说："争取在未来10至15年让'四方联采'在中国商业领域里有一定的影响力，期望我们的探索能为中国零售企业带来一点启迪，带来一种文化，我们的做法能对中国商业的发展有些贡献。"十几年后，再回头看，他的确做到了。

快速扩张，野蛮生长

从1998年涅槃重生到2002年，是胖东来的快速扩张时期，这一时期也是胖东来多年发展历程中唯一的扩张期。胖东来的大部分分店，都是在这一时期开业的。

1998年，胖东来人民店、许扶店先后开业，这两家分店继承了胖东来的优秀传统，为周边居民带来了全新的购物体验，从开业之初就人潮如涌，盛况空前。

1999年5月1日，胖东来综合量贩开业。量贩作为一种经营模式最早出现于法国的一家超大型卖场，却在商业竞争惨烈的日本得到了迅猛发展。当时，日本的很多批发商为了获取更多市场空间，通过各种方式压低商品价格。他们发现，人们购买最为频繁的是卫生纸、毛巾、水杯等日常生活用品，很多家庭主妇消耗大量的时间和精力来采购这些生活用品，于是就遵循大进大出、薄利多销的原则，以"打"为销售单位来销售日常生活用品，量贩式超市由此而来。因为结合了大型零售商场和专业批发市场的优点，买卖方便，货品齐全，服务便利，量贩式超市很快就风靡日本，后来又传入中国，但通常扎根于上海、武汉、成都、郑州等大型城市。而胖东来将"量贩"这种业态第一次引入许昌，使许昌人从此多了一种透明、平价的消费方式。

有了胖东来综合量贩的成功示范，1999年9月19日，胖东来又打造出许昌第一个专注于服饰的专业量贩商场——名牌服饰量贩（后更名为胖东来大众服饰广场），主营服装鞋帽等时尚商品。胖东来名牌服饰量贩汇聚了众多国内外知名服装品牌，从引领时尚潮流的前沿设计到永不过时的经典款式，从休闲自在的日常装扮到正式场合的得体正装，一应俱全，琳琅满目，满足了不同顾客的多样化需求。在这里购物，顾客不仅能够轻松找到适合自己的服饰，还能得到专业的服饰搭配建议和贴心的售后服务，如免费干洗、熨烫、缝边等，完全没有后顾之忧。

1999 年 10 月 1 日，胖东来新兴店开业。

2000 年 4 月 18 日，胖东来另一家专业量贩商场电器量贩正式营业，营业面积高达 1800 平方米，是当时许昌乃至河南南部规模最大的电器商场。胖东来电器量贩的开业，不仅标志着胖东来在电器领域的深耕细作，也实现了其在零售业态上的创新与突破。

2002 年 1 月 1 日，胖东来再次刷新了许昌市民的购物体验，营业面积 23000 平方米的胖东来生活广场开业。这一集购物、休闲、餐饮、娱乐多功能于一体的大型综合超市，不仅成为了许昌市的商业新地标，更以其丰富的商品种类、舒适的购物环境和一站式的服务体验，赢得了广大消费者的青睐。

2002 年 9 月 19 日，胖东来服饰鞋业大楼开业，营业面积 8000 平方米，是许昌最大的服饰鞋类专业商场。

…………

一家企业的成长与发展往往离不开时代与宏观环境的影响，胖东来在这一时期的快速扩张，也与国内超市这一零售业态快速发展的大环境息息相关。

对于已经拥有的事物，人们往往容易视而不见。正如很少有人会意识到，中国人能够轻松购买到各种生活必需品，距离这个历史性节点只过去了三十年。

而在这个历史性节点之前，处于计划经济时期的中国，物资非常匮乏，购物远不如今天这样便捷。生于 20 世纪五、六十年代的人，往往会对百货店、供销社等印象非常深刻。在很长一段时间里，百货店、供销社是商品流通的主要渠道，人们购买生活必需品必须到这些地方凭票购买，如果没有配额，什么都买不到。

1981年，中国零售业的篇章翻开了崭新的一页：国内第一家超级商场——广州友谊商店盛大开业。这家商场以其前卫的购物模式——无售货员、顾客自选、电脑结账，成为了时代的弄潮儿，其新颖性甚至吸引了中央电视台的关注与报道。不过，尽管购物形式与众不同，广州友谊商店却难以称之为全民超市。它的规模较小，营业面积不足300平方米，货架上稀稀落落地摆放着十来排进口商品。此外，它的服务对象也有明确的限制，仅面向持有"外汇券"的外国人和华侨，普通老百姓难以享受到这一新兴购物体验。但这家超市的开业，却是中国零售业的一次大胆尝试和探索。它不仅是对传统购物方式的一次颠覆，更是对市场经济下零售业态的一种预见。尽管它未能立即普及至全民，但它的出现，无疑为中国零售业的发展指明了新的方向，为后来超市业态的兴起奠定了基础。

1992年，邓小平南方谈话掀起了改革开放的热潮，社会主义市场经济体制的改革目标得以明确，为中国经济的腾飞注入了新的活力。乘着时代的东风，数以万计的人们纷纷投身商海，市场经济的大幕徐徐拉开。而超市作为家庭消费的主要流通渠道，开始快速发展起来，上海、北京、深圳等经济发达城市都孕育出了自己的本土超市品牌，比如联华、物美、新一佳等。这些超市开始尝试引进国外的先进管理理念和技术，提升自身的经营管理水平，提高商品质量和服务标准，扩大规模和影响力。

到了20世纪末21世纪初，随着城市化进程的加速以及中国加入WTO，超市这一业态迎来了发展的黄金时代。据统计，2001年，中国的零售业总额为4050亿美元，比起亚洲其他主要市场零售额的总和（日本除外），还要高出56%。

这一时期，大大小小的超市，在全国各地如雨后春笋般涌现。走进任何一个超市或商场，琳琅满目的商品都让人眼花缭乱，从日常生活用品到各种电子产品，从国内品牌到国际名牌，人们可以随心所欲地选择自己需要的商品。这种丰富的物资供应和便捷的购物体验，对于生于 20 世纪八、九十年代的人来说，早已习以为常，甚至觉得理所当然。与此同时，超市也逐渐改变了人们的购物习惯和消费观念。人们不再只局限于基本生活所需，而是更加注重品牌、质量和服务。

这一时期，是中国经济迅猛发展的时期，是中国城市化飞跃的时期，也是国内连锁零售企业快速扩张的时期。众多零售企业以前所未有的速度和规模疯狂生长，当时的家电连锁领军企业国美，曾一天新开门店 11 家。而另一连锁巨头苏宁的扩张更迅速，一度创造了一天内新开门店 22 家的辉煌记录。

胖东来正是在零售业态快速发展的黄金时代应运而生，它赶上了行业的风口，抓住了时代的机遇，并由此开始了扩张之路，实现了从一家店到多家分店的华丽蜕变。

不过，与其他连锁品牌不断跑马圈地、寻求做大的雄心壮志相比，胖东来的野心并不大，它虽然也迈出了扩张的步伐，却没有盲目追求版图的扩大，而是始终专注于许昌这一方水土，深耕细作，用心服务本土市场。这种审慎而深思熟虑的战略选择，使胖东来能够更加精准地把握当地消费者的需求，提供更为贴心的服务。

胖东来的这种专注，为其后来的发展奠定了独特的底色。

首次外拓，进军新乡

2005 年，在企业成立十周年之际，胖东来做出了一个重要的战略决策——首次尝试对外扩张，走出许昌，进入新乡市场，开启企业发展的新篇章。在新乡胖东来百货的开业典礼上，于东来自信地说道："新乡的顾客，胖东来绝不会让你们失望！"

为什么是新乡？

新乡位于河南省北部，与省会郑州、古都洛阳、工业重镇焦作和资源丰富的济源等地相邻，地理位置得天独厚，交通网络四通八达，独特的区位优势，使其成为连接河南省内外、辐射周边的关键节点和纽带。新乡还是河南省重要的工业基地，工业基础雄厚，拥有多个国家级和省级开发区。基于这些优势，新乡在河南省的经济和社会发展中占据了举足轻重的地位，成了各零售业巨头在河南扩充实力、拓展业务的首选之地。

对于传统零售企业来说，跨区域扩张注定要面对巨大的挑战。当企业迈出熟悉的本土市场，踏入全新的地域时，它们将面对一个全新的商业环境，并且要在"人生地不熟"的情况下建立与当地供应商的合作，构建稳定而高效的供应链体系，确保商品的质量和供应的及时性。同时，还需要与当地政府建立良好的沟通和合作关系，争取政策上的支持和优惠。更重要的是，要应对那些已经在当地市场深耕多年的地方零售企业的竞争。

这是对企业综合实力的一次全面考验，它要求企业必须具备成熟的管理运营经验，能够迅速适应新市场的规则和消费习惯，制定出符合当地市场的经营策略。同时，企业还需要展现出如同二次创业般的勇气和决心，持续创新，不断优化，从而吸引消费者，赢得生存空间。

这一关，对于胖东来来说，并不容易过。

当胖东来在 2005 年宣布进入新乡时，很多人都担心胖东来的这次扩张会以失败告终。其时，新乡超市林立，已是众多连锁品牌厮杀的战场。2002 年，年销售额过百亿的中国台湾超市品牌丹尼斯进驻新乡，这家超市连锁巨头以郑州为中心辐射全省，当时在全省的销量排名第一。2004 年，超 2 万平方米的世纪联华新乡店开业迎宾，只用了一年的时间，就创下了惊人的 1.03 亿元销售收入。大商、沃尔玛等知名零售商也紧锣密鼓地筹备着在新乡开店。而胖东来所选的店址——平原路139 号，就夹在丹尼斯和世纪华联的中间，可谓"强敌环伺"。面对如此激烈的市场竞争，几乎所有人都认为胖东来将面临一场艰难的战斗，有些人甚至对胖东来在新乡的发展持悲观态度，认为胖东来一定会折戟沉沙。

而在不被看好的情况下，胖东来却凭借过硬的商品质量和优质的服务赢得了消费者的青睐，用傲人的业绩证明了市场是检验企业的最好方式，胖东来到哪里都能受欢迎。

无理由退货、免费存车、免费修理电器、免费裁剪衣服、免费清洗饰品、免费代煎中药等服务被原封不动地照搬到了新乡胖东来百货，"用真品换真心""把顾客当家人""不满意，就退货"等服务理念也被复制了过来，成了新乡胖东来百货每一个工作人员的服务准则。

于东来在接受采访时，曾经讲过这样一个故事：

胖东来新乡店开业时，有一位从农村来的老太太来到店里想买一台电视机，一开始，店员告诉她有货，让她回家等着，工作人员会给她送货上门。但是，等老太太回到家后，那位店员却打电话通知她那款电视机已经卖光了，建议她换其他型号的电视机。老太太同意了，但店员却没有在承诺的 24 小时内完成送货。店员感到非常愧疚，于是提出赔偿 100 元作为补偿。

于东来得知此事后，不但没有表扬那位店员，反而非常生气。他对员工说，你既然承诺了顾客要在 24 小时内送货，为什么做不到？因为你没有按时送货，顾客一直在等你，长时间处于焦虑和担忧中，100 块钱就能弥补她的损失吗？在他看来，这种服务失误绝不是简单的经济补偿就能解决的问题。

为了表达对顾客的深深歉意和对服务质量不足的补偿，于东来不仅免费将这台电视机送给那位老太太，还给她送了 4 套保暖内衣。

传统零售业的本质，在于运用多样化的经营策略和手段，满足顾客在购物场所的体验式消费需求。这种需求不仅仅关乎商品本身，更涉及购物过程中的每一个细节，包括环境、服务、互动等。如果只能选取一个关键指标来衡量零售企业的经营是否健康、优质且具有可持续性，那么非"顾客满意度"莫属。顾客满意度是衡量零售企业能否长期吸引顾客、建立忠诚度的重要标准。顾客满意度高，意味着他们所接受的服务超出了他们的预期，这种超出预期的体验会转化为顾客的忠诚和口碑进行传播。于东来正是深谙这一点，才会要求胖东来的员工以超乎想象的服务创造极高的顾客满意度，这正是胖东来成功的精髓。

真诚而又超出预期的服务，使胖东来很快就征服了新乡人的心。新乡胖东来百货在开业的第一年就取得了令人瞩目的成就，实现了 4 亿的年营收，第二年又实现了翻倍增长。这一成绩，不仅是对胖东来服务理念的肯定，也是对其经营策略成功的一种证明。

在接下来的几年里，胖东来在新乡又继续开设分店，其独特的经营模式和客户至上的理念吸引了大批忠实顾客。新店开业时，店门口人头攒动，市民们争相前来购物。

而原来那些强劲的竞争对手呢？丹尼斯新乡店门可罗雀，后来不得不关门迁址；世纪联华新乡店则直接关门，还把旧址卖给了胖东来；一直在筹备中的沃尔玛选择"避避风头"，推迟了 5 年才开业，但即使有着强大的品牌背书，沃尔玛在新乡的经营也未能持久，仅维持了 4 年便黯然退出；大商接连开了两家店，但都经营惨淡。

后来，大连大商总裁在郑州改革开放 30 周年商业企业高峰论坛上说："今天我不想讲大连大商，就想讲讲胖东来现象。这么多年来，我没有见过像胖东来这么好的生意，你见过人排队吗？见过汽车排队吗？见过电动车排队吗？烈日炎炎下，妇女顶着太阳，打着遮阳伞，推着电动车排 15 分钟，前面出去一辆，这边才能进去一辆，方圆一公里之内都没有商店，人家就在这一棵树上吊死。汽车也是这样，一到周末整个街都封路，不管是许昌，还是新乡。前几年如此，现在还是如此，不服不行！"

能让竞争对手都觉得"不服不行"的胖东来，成功绝非偶然！

第五章

放慢：停一停，有时会更好

自改革开放以来，中国零售业历经了风起云涌的变革，从扩张潮到关店潮，从并购潮到互联网零售冲击潮，每一次变革都深刻地影响着行业的格局，无数零售企业在这潮起潮涌中跌宕起伏，而胖东来的开店、闭店、再开店，却始终按照于东来的战略规划和市场判断行事，不求快，也不贪大。正因为如此，在市场大潮中，胖东来独成一章，不畏浮沉。

慢一点，做得更好一些，同样能成功，而且会更加成功：不仅能使企业因给人们创造了更高的价值而获得可持续发展，也能推动行业、社会向着更好的方向发展。

每周二闭店，让员工休息

零售业是一个与人们的日常生活紧密相连的行业，这个行业有个不成文的规矩——365 天开门营业，全年无休。而且，越是中秋节、春节这种阖家团圆、热闹聚会的节假日，超市、百货、专卖店等零售企业的生意越是红火，因为人们习惯于趁着休假的时间外出购物，为家人和朋友挑选礼物，准备节日所需的各种物品。

这种全年无休的运营模式，意味着零售企业员工需要做出牺牲。为了满足顾客的购物需求、给顾客提供便利，他们无法像其他行业的工作者那样享受规律的双休日，而是要根据工作需要，按照排班表轮流休息。

然而，2011 年，胖东来却出台了一个"反商业"的规定：从 2011 年 11 月开始，胖东来旗下的各个门店每周二轮流闭店。从 2012 年 3 月 2 日开始，胖东来旗下的所有门店固定周二同时闭店。

一时间，舆论哗然。要知道，对零售企业来说，营业是盈利的前提，"时间就是金钱""开门营业就是收益"是所有零售业从业者的共识。就是不考虑盈利，单是闭店一天所产生的高额商场租金损失和人工成本，以及潜在客流量的流失，都可能造成数以千万计的营收损失。在如今这个流量成本越来越高的时代，哪怕是一家规模很小的夫妻店，没有紧要的事情恐怕也不会轻易闭店一天，而胖东来作为一家规模达百亿级的区域性零售企业，竟然不按常理出牌，不仅选择周二闭店，还每个周二都闭店！

于东来为什么会做出这样不同寻常的决策呢？他的出发点，无关商业。他说："员工是人，他们应该有完整的生活。闭店就是传达——我们要走慢一点，让员工更多一点自由、快乐！""我不想做得那么累，也不想让员工那么累……我非常了解零售行业里员工有多么辛苦，我之所以做出这样的决定，就是要以实际行动来关爱员工，真正把员工的利益放在第一位。"

于东来也曾把企业的营业额和利润放在第一位，在一次采访中，他曾说："有一段时间，我只想让大家多加班做好工作，只想尽快把每家门店销售做好，却忽视了企业最重要的财富是员工健康。"

令他印象特别深刻的是，装修新乡胖东来生活广场时，他曾经带着团队花了整整一个月的时间驻扎在卖场里，每天废寝忘食连轴转，团队中所有人都累得筋疲力尽，有几位员工还因此生病住院。当时他还感到很骄傲，觉得胖东来的团队很能干，很有牺牲精神，却没有意识到自己早就已经陷入盲目的追逐中，忘记了自己的初心："我们为什么要努力工作？是为了让自己、让员工生活过得好一些，但工作却把大家的健康都搞没了，我怎么对得起大家？"

正因为如此，于东来才决定尽快调整休息，逐步增加休息时间。在他看来，人活着不只是为了工作，更是为了享受生活，为了领略更多美好："我们应该为了目标努力奋斗，也应该学着去欣赏一路上的好风景，尽情地去感受过程、享受过程、体会过程。这就如同爬山，有人排着整整齐齐的队伍，沿着平坦的大路不断前行，最终爬到了山顶，而有人沿着崎岖的山路，一边唱着歌，一边看着风景，一边向上攀爬，也一样能登上顶峰……企业是大家共同创造的，我们在带领大家把企业做大、做强的同时，还要努力让更多人成为企业真正的主人，让更多人拥有财富、享用财富，引导他们体验人生的意义和价值。这也是我这些年来一直努力追求的一个境界，我们正向着这个方向发展。"他希望周二闭店的那天，胖东来的员工能陪陪家人，和亲朋好友一起去郊游，去烧烤，去爬山，去钓鱼……感受生活的惬意与美好。

于东来知道，每周闭店一天一定会对营收造成负面影响，但作为一个负责任的企业，不应只关注物质财富的创造，更要关注员工的生活品质和生命质量，因为员工不是机器，而是企业最大的财富。

当然，不是所有人都能理解于东来的这一决定。当他提出周二闭店休息时，胖东来的管理层众口一词地表示反对。在他们看来，胖东来还有很大的发展空间，当务之急是努力做大做强，占领更多的市场份额。员工当然应该休息，但这完全可以通过轮休制度来解决。

于东来问他们："如果现在你们有两个选择，一个是一个月不休息，挣 10000 块钱，另一个是一个月每周休息一天，挣 7000 块钱。你们好好想一想，你们更愿意选择哪个？"

在座的管理人员面面相觑，有人回答道："选择后一个。"

于东来又问："我再打个比方，假如我们一年能赚 2 亿，周二闭店休息会导致我们损失 7000 万元，但是，你们觉得是幸福重要还是钱重要？"

大家纷纷回答："幸福重要。"

"那你们为什么不愿意周二闭店休息呢？"

就这样，在中国的零售业中，有了一家每周二闭店的企业。

但员工理解了，顾客的不满却难以消除。这么多年，许昌人已经习惯了到胖东来购物，尤其是那些退了休的大爷大妈们，几乎每天都会到胖东来转转。对他们来说，胖东来就像家一样。得知胖东来决定每周二闭店后，他们怨声连连，有人甚至还向当地有关部门投诉，要求胖东来恢复每周二正常营业。

但尽管阻力很大，于东来始终没有动摇，在零售领域摸爬滚打多年，他深知他的员工们有多辛苦，他希望他们能像其他人一样，有更多的时间享受生活。

在于东来的坚持下，许昌市民最终还是接受了胖东来每周二闭店休息的现实，以至于很多人会在闭店前的周一下午到胖东来抢购第二天所需的物资，形成一个购物小高峰。

对于胖东来的这个规定，很多零售业同行乃至行业专家都感到不可思议，因为这与传统商业逻辑是相悖的。为什么很多企业采用"996"的工作制度？为什么采取各种方式管理员工、提高工作效率成为诸多老板们共同关注的热点？为什么很多企业以加班为企业文化，恨不得让员工住在公司呢？因为商业的底层逻辑是效率，所有商业模式都必须追求效率，否则就违背商业逻辑。在他们看来，于东来如此特立独行，这样的企业长此以往一定难以为继。还有些人认为，胖东来这样做是扰乱了一直以来的行业规则和秩序。

但于东来却说：

"周二不营业一年的确会少挣七八千万，但为了员工的幸福很值得！"

"员工上班 7 个小时就应该滚蛋回家，因为挣再多钱也换不来健康！"

"说一千道一万，就想让大家过得幸福一点！"

"希望员工能够在公司这种文化理念的引导下，尽快摆脱身心的疲惫，放下心中的包袱，获得乐观心态。"

神奇的是，这个反传统的决策，丝毫没有影响胖东来的发展。胖东来每天开门迎客时，店内总是人潮涌动，顾客络绎不绝，熙熙攘攘的景象成为了常态。更令人惊奇的是，即使在胖东来周二闭店的日子里，周边的竞争对手也没有因此而获得预期中的业绩激增。顾客们似乎更愿意等着胖东来开店，因为胖东来的购物体验是其他任何地方都享受不到的。

或许，正如于东来所说："把得失看得轻一些，我们经营企业不应斤斤计较于眼前的点滴利益，而应该'曲径通幽'。那些看上去似乎对企业不利的事情，有时可能正是突破瓶颈的一步好棋。"

掀起关店潮

到 2012 年，胖东来已经从只有 40 多平方米的"望月楼胖子店"发展成为在河南本土同时兼具知名度与美誉度的大型超市连锁企业，在许昌和新乡两地开设了 30 多家分店，涵盖专业百货、电器、连锁超市三大商业业态，拥有 8000 多名员工，而且其坪效和人效都遥遥领先于全国其他零售企业。

于东来有充分的理由为自己的成就感到自豪。作为胖东来的创立者和领导者，他不仅实现了个人的梦想，还为社会做出了巨大的贡献：为许昌和新乡两地的老百姓提供了丰富的商品和优质的服务，提高了人们的生活质量，还提供了大量的就业机会，使无数人有了实现自我价值的平台，使众多家庭有了稳定的生活来源。更重要的是，胖东来的蓬勃发展还促进了当地经济的繁荣。

公司的发展壮大的确值得骄傲，然而，在于东来的内心深处，一种日渐强烈的感觉悄然生长——累。快速扩张带来的人员和规模的增长，给胖东来的运营和管理带来了巨大的挑战，也使于东来感到越来越力不从心。过去胖东来只有几十、几百个员工的时候，他对每个员工都非常熟悉，甚至能叫出每个人的名字，跟他们聊聊生活和工作。而当胖东来增长到几千人时，这种亲密无间就变得遥不可及。

不仅如此，在巡店视察时，他还非常明显地感觉到，规模做大了，胖东来的商品、服务质量反而下降了，远远达不到他心目中的标准，员工的幸福感也不再像以前那么强烈了，"不仅不能保证员工幸福地成长，也让顾客失望，我也会很累。"

这让于东来非常痛苦，甚至开始怀疑：这些年，自己不断地开店，真的做对了吗？他感到自己的能力不足以领导这么大的企业，虽然有心招更多的员工，服务更多的顾客，但因能力有限却不能使员工幸福、使顾客满意。

这与于东来一直信奉的"快乐生活"理念是完全背离的，他想："如果在胖东来我活得就很累，工作、生意让我的生活状态没有达到快乐，我的员工会快乐、我的顾客会快乐？那我如何传播的理念？谁能信我？"[1]

但令他纠结的是，他所追求的自由、快乐与感情、责任之间存在矛盾：如果把店关了，他倒是可以轻松了，但那些员工该怎么办呢？他们很难再找到像胖东来待遇这么好的工作了。顾客又该怎么办呢？他们去其他超市很难享受到这么好的服务。这是于东来最不愿意看到的事情。

究竟该何去何从？纠结不已的于东来始终无法做出决断。就在这时，发生了一件对他来说堪称人生转折点的事情：他身体的很多部位——心、肝、肺、结肠、皮肤等都被检查出了严重的问题，"被判死刑很多次了"。

面对健康危机，于东来不得不暂时放下手头的工作，重新审视自己的生活和价值观。他开始思考一些更深层次的问题：工作与生活的平衡、健康与事业的关系、个人目标与企业使命的协调。这使他对做企业有了新的领悟："做企业首先要问问自己，为什么要做这个企业？是不是有正确的目标？我们做企业是不是也想追求幸福，追求快乐？

---

[1] 万军伟，杨霄．胖东来于东来：店不关了，只是有点儿心凉了 [EB/OL]．（2014-10-23）[2024-05-23].http://www.linkshop.com/news/2014307636.shtml.

因为做企业我们忘了家庭，忘了爱情，忘了休闲，忘了娱乐，忘了浪漫，忘了美好，我们就像奴隶一样，从早上到晚上为了挣钱不停地奋斗，我们整天去想着怎样比别人更优秀，怎样把对手给打死，我们整天想着要做成功的人，要做优秀的人，要做荣光的人，我们从来不去想一想，我们幸福吗？我们活得像人吗？我们慢慢变成了一个机器。"[1]

经过一番深刻反思后，于东来认识到，现在胖东来的发展方向已经背离了他的初衷，再继续走下去，只会离目标越来越远。既然如此，不如压缩规模，及时止损。

后来，他曾如此剖析自己的心路历程：

"如果别人比我们做得更好，离我们店近，那就把我们的店关掉，把这个责任交给比自己更优秀的人，这样能幸福、轻松自己，也不去搅乱那些美好的企业，如果是这样的心态，那我们会更快乐。"

"做好自己，做不好了就关掉，保持乐在其中，自己曾经也无怨无悔地付出过，走出这种竞争的漩涡，让自己快乐一点，健康一点，慢慢培养好的人生道路，让自己活得健康、幸福！"[2]

大彻大悟后，于东来终于痛下决心：大面积关店！

这之后，在胖东来的根据地许昌，于东来先后关闭了五一店、六一店、新许店等多家分店。

2014 年 9 月 15 日，于东来发布微博，宣布要把胖东来旗下的大部分门店关掉，只留下时代广场店："我会努力把时代广场经营好！用三年左右的时间把其他门店关掉或转让！优秀的员工可以留下来，到时代广场店工作，其他员工也会合理安排好！"

说到做到，仅仅十天后，开了很多年的胖东来劳动路店就被关停了。

---

[1]引自 2022 年 8 月 5 日于东来在由联商网、搜铺网、知了壳联合主办的 2022 年联商网大会暨韩国商品与品牌对接会上的演讲。

[2]引自 2023 年 3 月 14 日于东来在联商网主办的 2023 中国超市周主论坛——中国超市总裁峰会上关于"学会爱自己、学会做幸福企业"的主题分享。

于东来在微博上向大家坦陈关店的原因："今天将劳动店关停了，原因是细节管理不达标！虽然这家店的经营状态还好——建筑面积1000平方米，员工95人，平均日销售20万，综合毛利能达到23%……如果你用功利的眼光看胖东来，你真的看不懂！"

关掉这么多年辛苦经营的门店，于东来的心中充满不舍："我们马上就要分离了，但我相信，我们都能乐观地面对，我更相信，我们的心会永远在一起！留下永远的祝福，自信地面对未来，这次分离的纪念会是我们美好的记忆！无论未来我们能否再走在一起，把祝福永远留在生命里！"在这条微博上，于东来还附上了劳动店员工在店门前的大合照。

和他同样不舍的，还有许昌的老百姓，他们纷纷通过微博表达自己的惋惜之情，有人还建立了微博话题"万言劝胖东来留下来"，希望大家都来劝劝于东来，让他改变主意。有人说，"于东来是许昌人的骄傲，你打造的时代广场提升了我们整个城市的品位，真希望胖东来不要关店，继续开遍许昌的大街小巷！"

很多人开始揣测、分析于东来关店的原因，有人认为，于东来江湖义气式的管理方式不符合现代化的商业运营理念，造成管理失控，被迫关店。有人认为，店铺租金逐年高涨是主要原因，胖东来的人力成本本就居高不下，于东来又不愿意降低员工薪酬。还有人认为，于东来是一个理想主义者，把做生意这件事想得过于理想化，他已经不再是一个纯粹的商人，无法适应竞争如此激烈的商场。

媒体针对此事也进行了大量的报道，其中不乏质疑的声音。比如，一篇名为《胖东来倒了，于东来破功，情怀还有用没？》的文章在微信朋友圈中如同野火燎原般迅速传播，短时间内阅读量就冲破了十万大关。这之后，这篇文章又以《胖东来为什么会倒掉？》的标题被各个公众号转载，几乎每次转载阅读量都达到了非常惊人的程度。[1]

这些都让于东来感到很不舒服，但他并没有放在心上。

真正让他心寒的是：胖东来的一些员工因为离职补偿的问题对公司很不满，到公司闹，甚至到市政府上访。一些媒体没有对事情真相进行调查，就以《胖东来：员工辞职补偿，老板承诺为何难兑现》为题对这一事件进行了报道。在报道中，几位老员工抱怨、指责于东来"不珍惜基层员工心血"。

于东来感到非常伤心，闹事的这些员工中有一些跟了他很多年，他怎么也想不通，他对这些员工掏心掏肺，就像对待家人一样，为什么换来的却是员工的不懂感恩甚至是背叛？为什么他们不愿意信任他，而要采取这样极端的方式来解决问题？

更让他感到难以接受的，是公司其他员工的沉默和不理解。公司几千名员工，没有一个人站出来为他说一句公道话，就连他非常信赖的管理人员也无人为维护胖东来的声誉发声。此时的于东来感到了前所未有的失望。

一时间，愤怒、无奈、不甘……各种情绪涌上了他的心头，让他五味杂陈。激动之下，他痛心疾首地发布了多条微博倾诉心声：

"我从来都没有想到，我的员工会到政府告我，这对我来说也是宝贵的人生阅历吧！这让我更加理智、更加成熟，不会再对员工过度溺爱，以后我会努力建立一个更加公平、健康的体制。我的人生真的很丰富！很幸运！"

"为了让大家获得幸福、获得快乐，我几乎舍弃了所有，最后只落了个重病在身的夫妻二人抱头痛哭，这究竟是为什么啊！"

[1] 丛龙峰. 从胖东来风波中，我们还可以学到些什么？[EB/OL].（2014-12-18）[2024-05-24].https://www.qykc.cn/398.html.

"不知足的人实在是太多了！放下吧，让大家都去选择自己喜欢的路，我也选择我自己喜欢的路！真的没有必要再去强求彼此！"

"当我需要正义的、理解的声音的时候，许昌的几千名员工，你们都去哪里了？你们觉得自己得到的一切都是应该的，你们把这种得到已经当成习以为常！可惜的不是那些不理解的人，而是付出了所有的爱，承担了不应该承担的责任！你如果把企业当成暂时的家也会站出来说一句公道话，可悲的人们……只想得到爱，拿什么让我爱你们！"

"心真的伤透了！数千员工没有一个人站在我这一边。半生经商，只落得夫妻二人重病在身，楼起楼落噩梦一场。"

"崇尚个性和自由的人会永远把真情放在首位！因为只有纯净的情感才能感受到真正的幸福！没有情感的事业我不会追求！理解了，付出所有也是幸福，否则我只认为是耗费时光！"

透过这些文字，人人都能感受到于东来不被理解的委屈和失望，更能感受到一种"风萧萧兮易水寒，壮士一去兮不复返"的悲凉。

后来，伤透心的于东来，干脆清空了自己的微博，撤销了实名认证，改名为"走开了回到从前"，并发布了一封诀别书："许昌各个部门的员工，我把许昌胖东来的遗留问题解决完，就不再是你们的成员，也不要再对我有任何要求，为了更好的将来，祝福你们！谢谢！你们曾经的东来哥！对不住的地方多理解吧！"

善良终究不会被辜负，于东来的悲鸣，使员工们深受触动。为了表示对于东来的支持，他们在公司打出横幅："公司是船，我在船上，大哥加油"；有女员工接受媒体采访时，流着泪说："我知道东来哥承受了很大压力，最后还落得身体有病。在每个员工的心中，你像家长，更像娘家人。"

这些真诚的回应，如同冬日里的一缕阳光，让于东来的心逐渐回暖，也让他渐渐想通了，思考自己的使命和责任，"如果我现在就彻底放手，胖东来的'快乐生活'企业精神就无法传承下去，对社会传导精神信仰的功能也难以为继。所以，我现在还不能放手。""我还是希望分享给更多的人，让更多的人少走弯路。这就像一个会游泳的人看见别人落水了，如果不救的话自己会内疚。"[1]

纪伯伦曾经说："一个伟大的人有两颗心，一颗心在流血，另一颗心宽容。"这句话或许是对于东来的最佳注脚。

伤过，痛过，于东来依然无悔。后来，在谈到这场风波时，于东来说："虽然说经历很多波折吧，但对胖东来的员工和团队来说，对我来说，也是一次很好的心灵的洗礼和成长……重要的是，我们怎么从中去吸取、去总结、去分析，让走的弯路，来帮助我们更好地成长。"

---

[1]中国企业家.俗人于东来，最懂凡人心[EB/OL].（2023-07-03）[2024-05-24].https://new.qq.com/rain/a/20230703A04E2E00.

退出与回归，皆为顾客

2015年12月21日一大早，新乡的老百姓就如潮水一般涌入新乡胖东来百货，商场里到处都是人，就连电梯上都摩肩接踵，每个人的脸上都写满了不舍与留恋。他们不是为了购物，而是为了告别，因为这一天是新乡胖东来百货营业的最后一天。

营业的最后一天，新乡胖东来百货一如既往，灯光依旧明亮，商品依旧琳琅满目，工作人员也如往常一样上货、理货，为顾客准备最新鲜的水果蔬菜、日用百货。然而，不一样的是，空气中一直弥漫着伤感的气息。

10年相伴，胖东来这个名字早已经深入新乡老百姓的心里。对于新乡老百姓来说，胖东来百货不仅仅是一个购物场所，更是他们生活的一部分，承载着许多个人记忆和情感，见证了无数家庭的欢乐时光。有人曾戏称，新乡人一半的时间都在胖东来，另一半时间则是在去胖东来的路上。因此，在得知关店消息后，很多人从百里之外赶来，只为再看一眼胖东来。他们在各个角落徘徊，有人在回忆在这里度过的时光，有人在和熟悉的店员交流。每个人的心中都充满了感慨，他们用自己的方式，向这个曾经为他们带来便利和欢乐的地方告别。

一个年轻小伙子说："我的大姨二姨，携家带口，周日一大早就奔到这儿来了，即便没有需要采购的，也非得在这儿待上一天。"

一个小姑娘说："在五楼花了二十块钱吃了一顿饭，看了看人山人海，最后一次纪念游！"

一位大娘说："来这里买东西已经有十年了，现在搬走了，好像不知道要去哪里买东西了。"

而无法来到现场的人，则通过微博、微信等社交媒体来表达自己对胖东来的感情。

一位远在异乡读书的学子说："又感动又难过，我是真的很难过！我特别特别想回去，但我总不能告诉老师我想回家的原因是因为一家超市要闭店吧。就算你比别人都贵一块钱，我也一定选择你，因为爱在胖东来！"

一位从小就逛胖东来的年轻人说："有时候真觉得自己矫情，可十年前我十五岁有零花钱了就去胖东来逛超市！上大学后每次回新乡就得去逛胖东来，就像报到一样。十年了，胖东来已经成为一种习惯！陪伴在身边的习惯！有些成功令人敬佩，值得我们学习，铭记于心。"

有人满心遗憾地说："胖东来明天走了以后，以后回家再也不能开开心心地逛一圈平原路了，这是陪伴我们十年的商超。打开社交APP，都被胖东来刷屏。我没在新乡，不知道今天胖东来有多少人，但是通过大家的图片我能感受得出来。有人会说这只是一个商超搬走了，至于这么轰动吗？那是因为你不懂。"

有一位叫"小辛"的网友说："不舍胖东来，这么好的商场在新乡绝无第二。新乡的百姓谁不知它？谁不念它？去逛街谁不去胖东来？去逛街几乎就是去胖东来的代名词。无论大件或是一把青菜都喜欢去胖东来购买。这里温馨、温暖，充满了浓浓的温情，各式宣传、警示、通告包括工作职责等标牌的制作都彰显了东来文化的内涵。在这里购物舒心舒适。不舍东来，东来别走！！"

"不要走""留下来"，是新乡老百姓的共同心声。

既然老百姓如此不舍，生意也没有出现问题，于东来为什么要关掉新乡胖东来百货呢？

一个广为流传的原因是胖东来与物业的房屋租赁合同到期。

新乡胖东来百货位于平原路，处于当地核心商圈。2005年进驻新乡时，胖东来与新乡靖业公司签订了有效期为10年的房屋租赁合同。由于这处商业物业没有地面停车场，很多商户不愿意入驻，所以当时的租金非常实惠。到2015年，十年租约就要到期了。

据一些媒体报道，在谈续租合同时，新乡靖业公司提出，将租金从一年800万元涨到1500万元。胖东来不愿意接受租金上涨，并且毫不让步，因为于东来认为不能为了租金牺牲顾客和员工的利益。最终，谈判以失败告终，胖东来只能被迫撤出新乡。[1]

也有媒体报道，房东新乡靖业公司并不想胖东来搬走，宁肯自己倒贴钱，也要留住它。但是，很多年前，新乡靖业公司为了现金流周转，将部分房产卖给200多户小业主。新乡靖业公司当初对这200多户小业主做出承诺：每年给予其8%的回报率，也就是说，每赚100块钱，就会给这些小业主分8块钱。因此，租金的高低与小业主的收益息息相关。于是，在谈续约时，有一部分小业主想要提高租金，最后没有谈拢，导致胖东来不愿意再留在新乡了。[2]

关于具体细节，可谓众说纷纭。不过，无论事实如何，对于一家正常运营并且生意非常火爆的门店，房租上涨真的是难以解决的难题吗？

答案当然是否定的。

于东来之所以选择关闭新乡胖东来百货，有深层次的考虑。

其实，早在2013年关店潮时，于东来就曾宣布，要把新乡的两家

---

[1] 黄荣. 中小零售企业关店潮涌 胖东来不堪重负关店收缩 [EB/OL]. （2015−12−07）[2024−05−24].https://www.163.com/money/article/BA83QQ8C00253B0H.html.

[2] 乐居新乡. 胖东来闭店的前因后果，或将三败俱伤？ [EB/OL]. （2015−11−27）[2024−05−24].https://weibo.com/p/1001603913752759118389?sudaref=www.sogou.com.

店全部关掉，原因是他认为这两家店达不到胖东来的标准，不能为顾客带来良好的体验。在有着很强的个性信仰和准则的于东来看来，自己觉得不满意就不能委屈自己，因为委屈自己也是对自己和他人的不尊重。

2015年11月27日，于东来向新乡老百姓发布了《致新乡人民的一封信》，从这封信中，我们就能窥见于东来关店的初心：

时光如梭！新乡胖东来百货转眼之间已满十个年头了！

过去历历在目，一腔热血和激情，满腹的信心和力量，的确一切皆为年轻！

不用有任何怀疑，当初就是希望让胖东来的文化理念造福更多的人，影响更多的人找回真诚、信任、尊严和幸福，为这个社会增添更多的美好和正能量，我们选择了走出许昌，然后有缘来到新乡。

从开业到今天这十年，我们每时每刻都用自己的真诚，用一颗纯净、善良的心，陪伴这支团队健康成长。我坚信只要努力，大家的能力和品质一定会越来越好，公司的制度、体制、政策、标准、专业能力等各个方面也会不断地完善和提升。但是，我还是考虑得过于简单了，因为我们不成熟就盲目发展，我们的管理水平和经营能力远远无法匹配企业的规模，不能让胖东来的每个员工都幸福、开心地锻炼和成长；不能保证卖场的品质、整洁、温馨、价格、品味，无法达到我们实实在在想要的结果；不能让每一位顾客都感到放心、满意和幸福；不能让员工真正理解公司的理念和思想是为了造福大家，让大家自信、个性、健康、快乐和幸福地成长和生活。

很遗憾，我是一个追求个性和自由的人，我有自己的信仰和准则，我总觉得委屈自己就是对自己的不尊重，也是对他人的不尊重，而为了新乡付出了所有却没有得到我真正想要的结果，所以，最终我选择放下。

的确，新乡市政府为挽留胖东来做了太多的工作，特别是刘森和周健两位领导，在两年多的时间里从不间断地进行协调。我知道，市政府因为胖东来的事情承受了太多的委屈，在这里我向新乡市政府表示真诚的歉意，希望大家理解。

我知道如果想留在新乡会有太多的解决方法，可惜的是，我的能力和身体不太允许，也不想让新乡管理团队的兄弟姐妹们去承担太多无辜的责任和压力。希望每一个新乡的胖东来人能通过这些年学到的胖东来文化理念和专业能力，能踏踏实实、一点一滴、不走捷径地自主创新，从小生意做起，做出品质，做出品牌，做出价值，既满足自我生存的需求又造福顾客、造福社会，为自己和社会创造真正的价值和幸福！

真诚地感谢和新乡这个城市的缘分，感谢我们彼此的真情，感谢大家对我及胖东来的关心和厚爱，实在抱歉，对不起，太多太多的对不起！请谅解！

无论怎样，我都会珍惜这段缘分，分享这段缘分！真心付出，拥有而无悔！

在新乡电视台制作的节目《2015爱的力量》中，于东来更是直言不讳地表达了对新乡两家门店的失望："这两年，从许昌店关店了以后，剩余的这些店都在整改，整个许昌的门店全部提升了。许昌现有的店拿到瑞士，拿到世界的任何一个国家，都可有品位……新乡那俩卖场我都不敢见，看见了我就感觉跟垃圾一样，因为跟自己的目标离得太遥远了。"

正因为如此，于东来才毅然决然地做出了关店的决定。但他没有预料到，这个决定会在新乡引起如此强烈的反响。

让我们再把视线投向2015年12月21日这一天。新乡胖东来百货的闭店时间是晚上22:00，但时间的指针虽然已指向深夜，这里却依然聚集着很多不愿意离去的顾客。不知是谁起了个头，大家一起唱起了《一万个舍不得》，最后，所有人都泣不成声。

这件事惊动了新乡市长，市长主动邀约于东来见面，并代表群众说出了他们的心声："你要离开新乡，先问问所有老百姓答不答应。"[1]
他希望于东来能收回将胖东来撤出新乡的决定："胖东来是河南整个
商界的一面旗帜，同时也是全国商界的一个典范，真诚地希望胖东来
在新乡继续发展壮大，让企业文化得到更广泛的传播，让企业精神在
新乡不断发扬光大。"

于东来再一次被感动了，他没有想到，胖东来得到这么多老百姓
的信任，更没想到，一家商超的命运竟引起了一座城市的关注。

胖东来对于新乡的影响远远超过了于东来的预期，这触动了他对
企业社会责任的思考，也让他重新审视自己的决策和企业的长远规划。
那天晚上，他辗转反侧，难以入眠，总觉得心里像压了一块大石头一样，
沉甸甸的。

第二天清晨，他发布消息，感谢新乡人民的大力支持，胖东来将
在重新选址后继续留在新乡："考虑到企业自身原因和个人原因，以
及我所追求的经营理念，按照原本的计划，我们是真的要在明年关停
新乡店，但是市领导多次找我，劝说我，令我很感动！我是个感性的人，
我知道新乡的老百姓对胖东来有很深的感情，既然这样，为了这份情，
就留下来吧！我们要努力把它做好，做成一个环境、人才、品质都是
中国一流的商超，做成咱们新乡的一个窗口、一个标杆，做成值得新
乡人民去依赖的、寄托的、幸福的家园。"[2]

离开需要很大的勇气，而留下来却意味着于东来要承载更大的责
任。于东来深知，是新乡老百姓对胖东来的爱和信任把他留了下来，

[1]砺石商业评论.马云与雷军都赞叹的胖东来，是如何炼成的？[EB/OL].
（2023-02-08）[2024-05-24].https://baijiahao.baidu.com/s?id=175722616694459
0975&wfr=spider&for=pc.

[2]乐居新乡.胖东来闭店的前因后果，或将三败俱伤？[EB/OL].（2015-
11-27）[2024-05-24].https://weibo.com/p/1001603913752759118389?sudaref=w
ww.sogou.com.

但未来，这也将成为他肩上沉沉的担子。毕竟，这样的厚望，不容辜负！

于东来没有食言，2016年9月2日，胖东来在新址上重新开业。只是，新店不叫胖东来百货，而是改名为胖东来·大胖。

开业那天，新乡全城为之沸腾。离开门还有一个半小时，热情的新乡老百姓就在大胖门前的广场上排起了长龙，大家都想在第一时间看看新修建好的大胖到底有多么"高大上"。随着时间的推移，队伍越来越长，甚至蜿蜒至周围的街道，造成方圆几公里交通拥堵。

因为人流量过大，开门营业仅仅一个小时后，大胖就已超负荷运转，为了确保顾客的安全和优质体验，于东来紧急宣布闭店，并亲自关门谢客。通过这一个小时的营业，于东来观察到商场还有很多细节不够完善，为了给顾客提供更佳的体验，他还临时决定延迟两个月开业。

在商业世界中，几乎所有企业在新店开张时都会用尽浑身解数招揽顾客，而胖东来竟然劝顾客别来购物，甚至主动闭门谢客，真是闻所未闻。但这就是胖东来，一切为了顾客！

胖东来之于新乡，就像一位老朋友，默默地陪伴着这座城市不断成长；又像一位引路人，带领新乡老百姓走向更加丰富多彩的生活。

早在2013年，在胖东来名为"这8年我们一起走过"的主题晚会上，新乡市领导对胖东来发出这样的感慨："胖东来入驻新乡8年，给我们新乡带来了很多东西，不仅仅给新乡的市民带来了优质的商品和服务，也为新乡服务业的发展增添了动力，为新乡服务业产业结构的调整和升级引领了方向。"

共同走过20年风雨历程，胖东来与新乡更是不分你我。现在，胖东来已经成为新乡的一张名片，像磁铁一样吸引着外地的游客慕名而来，一睹"胖"容。借助胖东来这个"入口"，这个从前"养在深闺人未识"的小城被越来越多的人看到，无数人来到这里，观黄河波澜，听太行林籁，览平原辽阔，尽享这座城市的美丽与魅力。

谁能想到，一家零售企业，不仅温暖了一座城，更影响了一座城，改变了一座城。

守在许昌，拒绝"走向全国"

一提到胖东来，很多人都会遗憾地说："胖东来唯一的缺点，就是没在全国开连锁店。""胖东来什么都好，但最致命的缺陷是没有开在我家楼下。"在胖东来的投诉建议平台上，大家提的最多的建议也是让胖东来到自己的城市开店。但尽管大众的期待如此热切，于东来却多次公开表示：不会扩大胖东来的连锁经营。

身处商业社会，谁都知道，盈利是企业生存的根本，扩张是企业发展的必由之路，追求规模优势是企业的强盛之基，因此，对于企业经营者来说，扩张几乎是一种难以抑制的本能冲动。尤其是本身就以追求规模效益为目标的连锁企业，更是以扩张为做大做强的必由途径。

放眼国内外，几乎所有企业在具备实力后，都会选择开疆拓土，把走出本土、走向世界作为追求的目标，其中有很多企业通过扩张走上了成功之路。

沃尔玛是世界上最大的连锁零售商，从 1962 年其创始人山姆·沃尔顿在美国阿肯萨斯州的罗杰斯城开了第一家沃尔玛百货商店开始，这家企业就没有停下过扩张的步伐。到 1972 年沃尔玛在纽交所上市时，沃尔玛已经从原来的 1 家门店发展到 32 家门店。此后，又经历了 20 年的发展，沃尔玛在 1991 年超越了当时美国国内最大的零售商凯马特，成为了美国零售市场的霸主。这之后，沃尔玛开启了海外扩张之路，先后进入加拿大、墨西哥、英国、中国等市场。根据沃尔玛的官方数据，截至 2023 年 1 月 31 日，沃尔玛在全球总共有 11268 家门店，分布于 27 个国家和地区，涵盖了大型超市、仓储式会员制商店、社区店等多种业态，覆盖了超过 100 亿的消费者。

而另一家知名连锁品牌、与胖东来一样以极致服务而著称的海底捞，也同样非常重视扩张。海底捞于 1994 年在四川省简阳市开出第一家店，2000 年左右先后进驻陕西、河南、北京、上海等省市，逐步开启全国扩张之路。得益于门店数量的持续增长，海底捞进入了高速发展期，于 2018 年在香港联交所主板上市。上市之后，海底捞仍然坚持扩张战略，在国内更多城市建立门店、拓展市场，截至 2023 年 12 月 31 日，中国大陆地区总共有 1351 家海底捞餐厅，港澳台地区有 23 家门店。此外，海底捞还不断布局海外市场，足迹遍布新加坡、英国、美国等国家。为了扩大商业版图，2024 年 3 月，成立 30 年一直严格坚持直营模式的海底捞又推出加盟特许经营模式，以多元经营模式进一步推动餐厅扩张。

新兴咖啡连锁品牌瑞幸咖啡的扩张速度则更为惊人。瑞幸咖啡于 2018 年 1 月初试营业，只用了一年的时间，就实现了 14 个城市近 1200 家门店的布局，飞速成长为国内第二大咖啡连锁品牌。这个速度堪称奇迹，从一个数据对比中我们就能窥见一斑：知名咖啡品牌 COSTA 进入中国市场十几年，门店数量只有 400 多家。据瑞幸咖啡 2023 年的财报显示，截至 2023 年末，其国内门店数量已经达到 16218 家，较上一年度新增超过 8000 家门店。借助极速扩张，瑞幸咖啡的市场份额不断攀升，已经超越咖啡巨头星巴克，成为中国咖啡连锁第一品牌。

与这些企业相比，胖东来实在是另类，近 30 年一直守着许昌和新乡这两块"根据地"，拒绝走向全国。

胖东来为什么甘愿偏安一隅呢？

在于东来看来，盲目扩张只会带来暂时的规模效应，但从长远来看，却可能掩盖企业内在的问题，最终导致衰败。

这样的案例在商业世界并不少见。前文我们提到，沃尔玛在 20 世纪90年代超越了凯马特，很多人对这家企业并不熟悉，但在20世纪七、八十年代，凯马特可谓声名显赫，曾连续多年位居美国零售业榜首，行内人士都将其奉为"教父企业"。到1981年，凯马特的店铺数量已经超过了2000家。按照当时的经济生态来看，凯马特已经非常大了。然而，凯马特的领导者约瑟夫·安东尼尼却并没有满足，在他看来，只有不断地扩大企业的规模，才能始终维持凯马特在行业中的强势地位。于是，在他的引领下，凯马特开始疯狂扩张。1989年，凯马特并购了PACE会员制仓储超市。1990年，凯马特又相继收购了一家体育用品连锁超市和一家办公文具零售商。1992年，凯马特不再满足于美国本土的发展，开始拓展欧洲市场，先后收购了捷克和斯洛伐克的13家店铺。1994年，凯马特又在墨西哥和新加坡成立了合资零售企业……

凯马特的步伐实在是太快了，管理、人力、资金根本赶不上公司扩张的速度，结果，这些投入巨资和无数精力收购来的店铺，接连传来亏损的噩耗。凯马特不得不断臂求生，把辛苦收入囊中的超市全都卖掉。

就在凯马特不断扩张的过程中，沃尔玛快速发展起来，最终取代了凯马特，成为了美国零售业的第一名。这时，约瑟夫·安东尼尼才意识到，盲目扩张让自己付出了多大的代价。为了重新夺回第一名，凯马特与沃尔玛打起了价格战，但结果却更加糟糕——凯马特的盈利受到了极大的拖累，连到期的欠款都无法支付，不得不申请破产保护。

比尔·盖茨曾说，对于成功的企业和企业家来说，最大的威胁并非来自竞争对手，而是来自自身。于东来正是深谙这一点，才拒绝无序扩张，甚至有意控制门店规模，因为门店规模一大，单店服务就很难始终如一，既不能保证员工幸福成长，也会让顾客失望。

2021年8月，于东来的一则"随笔"震惊业界，他写道："许昌超市五年内不允许超过三十亿的销售规模、十年内不允许超出四十亿的销售规模！新乡超市十年内不允许超过二十亿的销售规模！其他部门和门店五年内不允许超出20%左右的销售水平！" 在当今这个以业绩为王、指标至上的时代，于东来的这番言论可谓"冒天下之大不韪"，但胖东来就是这么做的。

多年来，胖东来始终坚持"少即是多"的发展战略，不追求数量的增长，而更愿意深耕细作，以求企业的长期健康发展。

当然，所谓的"少"指的不只是规模上的"小而美"，更是精益求精。于东来对胖东来的每一家店都高标准、严要求，他之所以要关闭新乡胖东来百货，就是因为这家店的环境、服务达不到他的标准。

为了精益求精，胖东来的每一家门店都经过精心选址，位于闹中取静、交通便利的地段，既能吸引更多客流，又能提供舒适的购物体验。每一家门店都必须布局合理有序，商品陈列井然，服务无微不至，每一个细节都要让顾客开心、放心。

于东来经常说，"经营企业就像种树，只有扎扎实实扎根，才能茁壮成长。"正是凭借着这种脚踏实地、一步一个脚印的发展策略，胖东来才能在竞争激烈的零售市场中立足，并且创造亮眼的业绩。据统计，胖东来单店年均销售额稳定在5亿元左右，名列同行业前茅，而在客户满意度、口碑指数等软性指标上，胖东来更是遥遥领先。

在这个快节奏的时代，"快"和"大"往往被视为成功的代名词，几乎所有企业都渴望快速增长、做大做强，几乎所有企业家都追逐着市场数字的攀升。但越是在这样一个时代，我们越应该放慢脚步，回归商业本质，专注于自己的本分，去追求品质，去创造价值，让企业走得更远、更久。

拥有这样价值观的企业，才能在充满不确定性的世界中稳健前行，长久地立足于社会。德国绝大部分中小企业都保持着强大而持久的生命力，就是因为他们从不求快，只专注自身。

20世纪80年代，德国管理大师赫尔曼·西蒙经过一番研究后发现，德国经济之所以能够在世界市场上独占鳌头，就算是在经济不景气的状况下，也不会受到什么影响，并不是得益于那些在全球颇有名气的大企业，而是由于一群默默无闻、深藏在各个行业中的小企业的支撑。这些名不见经传的小企业，很多在全球市场的占有率超过50%。他把这些企业称为"隐形冠军"。

德国政府的统计数据进一步证实了这一点。根据他们的数据，在德国，公司规模不到 1000 人、每年营业额在 8 亿欧元以下的中小企业，共有大约 4 万家，占德国企业总数量的 99%，雇用了德国 70% 的就业人口，贡献了 40% 的 GDP。这其中有 1000 多家在各自的领域里高居全球第一，有些公司在世界市场的市占率甚至高达 90%。

这些"隐形冠军"制胜的秘诀就是"慢"——它们不为外界的快速变化所动摇，只专注于一个狭小的细分市场，几百年只做一个行业，甚至只生产一种产品。这些企业，规模往往不是很大，却始终聚焦于某个领域，在这一行里专心致志地耕耘了几十甚至上百年，形成了绝对的竞争优势，占据了很大的市场份额，达到了非常高的利润率。当它们在面临资本扩张、快速发展的机遇时，通常会"大智知止"，理性地控制自己的规模，不求"做大"，甚至也不求"做强"。最终，这些小池塘里的超级大鱼活得反而比很多大企业都滋润。

慢一点，做得更好一些，同样能成功，而且会更加成功：这种慢不仅能使企业因给人们创造了更高的价值而获得可持续发展，也能推动行业、社会向着更好的方向发展。

中国有一句古话叫作"内圣外王"，简单来说，就是把自己做好了，该得到的就都能得到了。德国的"隐形冠军"如是，胖东来亦然。自改革开放以来，中国零售业历经了风起云涌的变革，从扩张潮到关店潮，从并购潮到互联网零售冲击潮，每一次变革都深刻地影响着行业的格局，无数零售企业在这潮起潮涌中跌宕起伏，而胖东来的开店、闭店、再开店，却始终按照于东来的战略规划和市场判断行事，不求快，也不贪大。正因为如此，在市场大潮中，胖东来独成一章，不畏浮沉。

好企业都是"熬"出来的，"慢"才是更高的境界。

第六章

创新：不一样的胖东来模式

在那个只要向前狂奔就能赚得盆满钵满的时代，几乎所有企业都在忙着扩张、做大，没有人愿意放慢脚步，静下心来修炼内功，进行精细化管理。

而于东来却敏锐地意识到：随着时代车轮的滚滚向前，市场环境必将经历翻天覆地的变化。人口红利的退潮，土地成本的攀升，这些变化如同潮水般涌来，使零售市场的竞争进入一个全新的白热化阶段。在这样一个竞争激烈、充满变数的市场中，要想获得持续的发展，必须转变思路，从粗放式运营转向精细化管理。

让利于民，只赚合理利润

零售业的竞争向来激烈，为了吸引消费者，各家超市、商场都会在打折促销上费尽心思，从买西瓜附赠勺子到买小龙虾送可乐，都是促销的惯用手段。

然而，胖东来却不走寻常路，采用了一种极其"简单粗暴"的方式：将所有商品的进货价公开标注在价格标签上，并将利润率坦诚相告，让消费者心甘情愿地为合理的利润买单。

比如，一位河南网友曾经在网络上分享了一张胖东来出售的"爱妍色鹅绒服"的价格标签照片，让很多网友震惊不已。价格标签显示，这件产自郑州市的羽绒服，面料为聚酯纤维，被评为"合格"等级，售价为 499 元，而在这些常规信息之外，胖东来还别出心裁地标注了进货价是 498.7 元，下方详细列出了这一价格所包含的费用范围，明确指出不含人事费用、房租、水电、损耗以及其他运营成本，更展示了其毛利率仅为 0.06%，强调了这是源头直采的产品。在标签的一角，印有"新乡市市场监督管理局监制"的字样，为这一价格的透明度和公正性提供了官方背书。

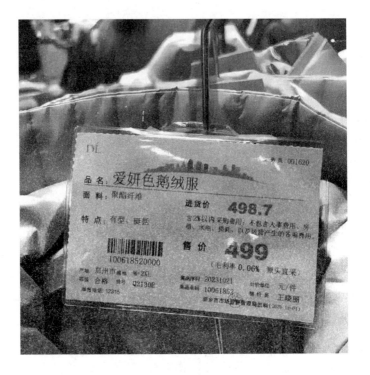

图 6-1 胖东来的价格标签

根据价格标签上的数字来计算，这件羽绒服的利润仅为 0.3 元！

这并不是胖东来第一次因为价格问题而成为公众关注的焦点。在胖东来，价格透明化不是一时的营销策略，而是一种持之以恒的商业理念。在胖东来的各个商场里，绝大多数产品都会在价格标签上标明进货价和售价，比如一件针织衫，进货价为 86.7 元，售价为 119 元；一双牛皮皮鞋，进货价为 142.8 元，售价为 186 元；一双儿童运动鞋，进价为 68.3 元，售价为 89 元……直接亮出底牌，让消费者在购物时能够做到心中有数，无需担忧价格的不透明或隐藏的附加费用，帮助消费者做出更好的选择。

这种独树一帜的经营方式，是对传统零售业促销手法的一种颠覆。

它传递的是一种新的消费理念：消费者应该为透明的成本和合理的利润买单，而不是被虚高的价格和模糊的折扣所迷惑。如于东来所说，这样做的目的是为了让消费者放心买，不被忽悠，也不用讲价。

在当下这个各路商家为了追求利润而无所不用其极的年代，胖东来却把只赚取合理利润作为恒久不变的经营原则，实在是有些"反商业"。在某些情况下，如前文所述的羽绒服案例中，羽绒服的利润率仅为 0.06%，放眼全球零售业，这种情况都非常罕见。正因为如此，很多人惊呼：商品的利润率如此之低，胖东来能赚到钱吗？到底怎么活？

其实，我们完全不必为胖东来担忧，胖东来的经营模式，虽然看起来"简单粗暴"，其实蕴含着深刻的商业智慧。在胖东来，利润的累积并非依赖于单个商品的高利润，而是源于众多商品的微薄利润。胖东来的商品琳琅满目，从食品到日用品，从服装到电器，几乎覆盖了消费者生活的每一个方面，能一站式满足人们多样化的购物需求。在质量上，胖东来同样严格把关，既有自家的优质品牌，也汇聚了众多国内外知名品牌，确保了商品的品质和口碑。在胖东来，普通商品与促销商品并存，无论是追求实惠的消费者还是寻找高性价比商品的顾客，都能在这里找到满意的选择。超值的购物体验，让每位光顾胖东来的顾客都感到宾至如归，都能充分享受到购物的乐趣。得益于商品的多样性、高质量以及极致的顾客体验，胖东来拥有庞大的忠实客户群，商品销量自然节节攀升。尽管单个商品的利润率不高，但通过规模化的运营和高效的销售，胖东来依然能实现利润的稳健增长。

正因为如此，胖东来不仅没有过度追求利润，反而会为某些部门设定利润上限，不允许其利润太高，比如药店。

在胖东来，清火栀麦片的价格仅 1 元每盒，清火片的价格仅 1.6 元每盒，维生素 B1 仅 1.9 元每瓶，蒲地蓝消炎片的价格仅 3.6 元每盒……其他药品也都比普通商店便宜许多，有些普通药店售价高达几百块的药，在胖东来只卖不到 10 块钱。很多顾客打趣地说，在胖东来药店买药，就像去菜市场买菜一样便宜，连讨价还价的必要都没有。更有顾客分享了他们在胖东来药店的实际体验：一位顾客曾经拿着一张上海开的中医处方回河南许昌抓药，跑了好几家药店，都得五六百块钱，到了胖东来药店一问，只需要400块钱，而且还免费煎药。

药店是胖东来最赚钱的分支，每年都能稳定地创造1.2亿的年营业额，平均单店年营业额高达千万。即使精确到每天，胖东来的药店超市的日收入也可达5.5万。尤其是胖东来时代广场药店，面积300平方米，年营业额在6000万上下，算下来，每天的营业额高达20万左右。按理说，药店的盈利空间如此大，胖东来应该充分利用，努力提高利润率。但于东来为什么反其道而行之呢？

我们来听听于东来是怎么说的——2021年，于东来在胖东来的直播间表示："药店赚很多钱是不合理的，之前因为胖东来的药店利润太高，我把负责人直接清理回家了。像这个药店，一年的利润可能只是300万，超出了就不允许，你销售额这么高，毛利润也这么高，那顾客不就（多花钱），怎么能为顾客带来幸福啊！"

原来，一切都是为了给顾客带来幸福！在于东来看来，药品是很多消费者生病时的必需品，其存在的意义是"治病救人"，不是牟利工具，在药品上疯狂盈利，是不合理的，而且是不道德的，胖东来绝不能赚这样的钱。在医药暴利盛行的当下，胖东来给全国药店都上了非常生动的一课。

为了"为顾客带来幸福"这个本真的目标，于东来曾经因为一瓶维生素C的价格过高而要求所有门店闭店调整。

2023年12月11日，有网友在抖音平台反馈，自己在胖东来药店里购买了一瓶某品牌的维生素C，但回家之后才发现，这瓶维生素C的价格比自己之前在其他药店购买的价格要贵一些。最初，网络上并没有多少人关注到这条短视频，也没有引发什么轩然大波，但胖东来却第一时间发现了这一消息，并在第二天就发出公告，表示在接到顾客的反馈和投诉后，胖东来总部高度重视这一现象，并即刻下发了通知，要求正在营业的药店全部停业进行价格整顿。

在停业期间，胖东来也没有闲着，而是特意成立了调查小组，对药店进行深入调查，他们发现，不仅是这款药品，还有一些药品也超出了市场平均价，对消费者来说很不划算。于是，针对这些药品，胖东来重新定价，确保消费者在合理的价格范围内买到便宜的药品。

为了让顾客放心，胖东来还将自我审查的结果公示出来：停业这七天里，调查组一共排查了17875个单品，其中有2124个商品可以再让利。此外，还有一些药品价格不可控，一般的老百姓消费不起，因此，总共有186款药品下架。

如此让利，让很多消费者都目瞪口呆，但是，也有一些曾经在胖东来购买过药品的顾客心里感觉有点不平衡：调价之后，药品便宜多了，之前买贵了真是太不划算了！

胖东来当然不会忽视这些顾客，他们表示，之前卖的药品有很多不划算的，医药部会对这些药品进行统计，之后会按照系统里的订单顺序联系顾客，为那些买贵了的顾客退差价。

百术不如一诚，正是胖东来的最佳注脚！

当然，不仅是药品定价，从商品品质到服务，再到购物体验，胖东来都以"为顾客带来幸福"为导向。

胖东来的每家药店都会配备大约30名医药专业相关的营业员。在这30人中，至少要有8名执业药师，这么强大的团队阵容，在其他线下药店是非常少见的。但胖东来认为，有很多顾客因为不了解自己的症状而买错药，这会使他们的病情被大大延误，严重者甚至会对他们的身体造成损害，因此，药店营业员必须具备相关专业知识，能引导顾客对症用药，帮助他们及时解除病痛。

药店售卖的药有一部分是必须阴凉保存或者冷藏储存的，因此，药店需要配备阴凉柜、冰箱，并且按照说明书给出的指示对温度进行严格调控。然而，市面上的很多药店都无法做到这一点，这就会使药品的效果大打折扣。而在胖东来药店，这一类设备一应俱全。

在胖东来药店，顾客可以免费进行血压、体重、血氧、听力、外耳道检查等检查项目，还可以享受免费中药打粉、煎药等服务。即使中药是从其他药店买来的，只要持有处方，也能享受到同样的服务。

因为有些消费者没有阅读药品信息的习惯，胖东来在药店的墙上张贴了介绍药品使用及储存相关知识的海报，在货架、药品间也放置了很多"温馨提示"的小卡片，有的提示消费者药品的选取注意事项，有的标注着"因为我们的药品有限，如果您在卖场没有买到所需的药品，请您留下您的联系方式，我们将单独为您采购。给您带来不便，敬请谅解！"

就像胖东来的商超一样，药店也配有休息区、寄存区，因药品包装文字较小，为方便老年人买药，药店还会准备放大镜以便老年人看清药品包装。同时，药店还配有 24 小时的不间断售药服务。

在价格上让利于民，在细节上苦下功夫，这样的胖东来，谁能不爱呢？

打造自有品牌，"养自己的孩子"

在如今这个瞬息万变的市场环境中，消费者对商品的需求已经从单一走向了多元化和个性化。他们渴望得到的不仅仅是商品本身，更是个性化需求的满足和与众不同的体验。然而，大部分零售企业仍然固守着传统的思维模式，缺乏创新意识和创新能力，这导致市场上商品同质化的现象日益严重。这不仅限制了零售企业的发展空间，也影响了整个行业的创新力和竞争力。

中国连锁经营协会会长裴亮曾痛心疾首地指出了国内零售企业在商品力上的不足："我们没有商品，我们卖的是别人的商品，当别人以更好的条件在一个更有流量的平台上进行销售的时候，我们的零售企业卖的商品其实是乏力的，因而很难形成真正的客流吸引力。"

面对商品同质化的困境，越来越多的零售企业逐渐觉醒，领悟到"养自己的孩子，才不会被抱走"这个零售领域的金科玉律，开始加大力度培育和发展自有品牌。中国连锁经营协会曾经发布"2019—2022 年中国超市百强"，数据显示，百强企业的自有品牌销售占比呈逐年上升趋势。

而早在十多年前，胖东来就以超前的思维，洞察了这一趋势，确立了一种非常先进的零售理念：重视商品力的塑造，努力做到"人无我有，人有我优，人优我特"。基于这一理念，胖东来始终将商品力作为企业发展的核心，不断探索和创新，力求在商品上做到与众不同。

为了实现这一目标，胖东来一直致力于打造自有品牌。早在 20 世纪 90 年代，胖东来就开出了第一家胖东来面包房，那时，他们甚至还没有明确的自有品牌意识。后来，通过深入研究消费者需求，结合市场趋势，胖东来开发出了一系列独具特色的自有品牌，比如服装品牌"六月旭"、烘焙品牌"德丽可思"、餐饮品牌"DL 铁板烧""DL 湘菜馆"，以及胖东来影城等。

对于这些自有品牌，胖东来严格挑选生产厂家，亲自把控每一个关键环节，把商品的质量作为不可逾越的红线，认真对消费者负责。正因为如此，胖东来的自有品牌不仅在品质上精益求精，在设计、功能、体验等方面也非常卓越，为消费者带来了全新的购物体验。

以胖东来的茶叶自营品牌"嘉木东来"为例，这一自营品牌在保障产品安全可溯源的同时，凭借着胖东来完善的供应链体系，进一步压缩成本，让顾客以更低的价格买到更高品质的好茶。

很多消费者在购买茶叶的时候都有一个共同的担忧，就是"怕被坑"，在他们看来，茶叶市场的"水"很深。而胖东来始终坚守明码标价的原则，甚至公开进货价，以一种透明、诚信的经营之道，为顾客带来了一份安心与信任。"茉莉飘雪"是嘉木东来品牌卖得非常火爆的一款产品，这款产品根据不同的等级，明确标注了价格——126 元 / 斤、460 元 / 斤、560 元 / 斤、1050 元 / 斤、2050 元 / 斤等，以及每斤茶叶的毛利率，顾客可以根据自己的需求和预算，选择最适合自己的茶叶。而且，只要顾客购买了嘉木东来品牌的茶叶，服务人员就会耐心地为他讲解茶叶的品质特色、产地背景以及正确的泡饮方法。这种贴心的服务，让顾客在享受优质茶叶的同时，也能获得知识和愉悦。

"自由爱"是胖东来精心打造的自有白酒品牌，以其独特的品质和理念，为消费者带来了别开生面的品酒体验。

这款酒是一款定位中端市场的清香型白酒，口感丰富有层次感，而且达到了最新的特级标准。光从外观上就能看出这个品牌的独特之处——摒弃了繁复花哨的元素，采用了简约而不失格调的透明玻璃瓶，让人一眼就能感受到这个品牌的独特魅力。这种返璞归真的设计，不仅体现了胖东来对产品品质的自信，更彰显了它对消费者真诚、透明的经营态度。

更为难得的是，胖东来在"自由爱"的瓶身上，破天荒地标注了酒体年份、等级、成本等详细信息，比如，8 年基酒占比约 27%，10 年基酒占比约 51%，15 年基酒占比约 18%……白酒市场上，年份酒乱象屡见不鲜，许多产品年份标注模糊，让消费者难以辨别真伪。而胖东来的这一做法，为市场树立了新的标杆。有一些酒友调侃，如果采用"胖东来标准"，市面上不少年份酒会被打回原形。

"自由爱"白酒单瓶售价仅为 70 元，每瓶酒的净利润只有 3.37 元，净利率 4.81%。在号称"暴利"的白酒行业，这个净利水准可以说是"赔钱赚吆喝"。

正因为保真保质而且性价比高，"自由爱"白酒的销售十分火爆。很多顾客来到胖东来都会成件成件地购买这款酒，以至于一辆购物车都盛放不下。

除了白酒，胖东来还推出了自有啤酒品牌"DL 精酿小麦啤酒"，这款啤酒上线两天就卖出了一万多件。为此，胖东来不得不放出限售大招：暂停线下销售，改为线上（同城）销售，而且每位顾客限购两箱。

现在，胖东来的自有品牌已经覆盖了烘焙、生鲜、洗护、调料和酒饮等各大品类，真正做到"搭建自己的平台，销售自己的商品"。性价比高、差异化的自营商品成了胖东来有别于传统大卖场的亮点之一。

除了独特的自有品牌商品之外，在众多商超纷纷追求精简商品品类的当下，胖东来却在商品品类方面做起了加法，为消费者带来了更加丰富多元的选择。胖东来的产品 SKU（货品存货单位）高达 1 万个，而会员制超市巨头 Costco 的 SKU 只有 4000 个。以蛋类产品为例，当很多超市的货架上还只摆放着常见的鸡蛋、鸭蛋、鹌鹑蛋时，胖东来已经将鸽子蛋、鹅蛋乃至鸵鸟蛋等不常见的品种纳入了自己的商品目录。再以牛奶为例，胖东来不仅设立了进口牛奶专柜，销售来自世界各地的优质牛奶，更将国内牦牛奶、水牛奶等小众品类引入货架。

　　于东来在分享中曾经提到，胖东来超市首先要保证民生，在此基础上再去完善时尚产品线、个性产品线，满足顾客的生活需求和时尚需求。为此，胖东来不断引入潮流新品牌、新产品。比如，百事集团曾经推出一款 Monster 功能饮料，当时上架这款产品的超市并不多，即使是在河南省会郑州，也难以找到这款饮料的踪影，而胖东来却第一时间将其摆上货架。在胖东来的货架上，还有很多网红产品，比如瑞幸捧红的菲诺厚椰乳、曾在抖音电商类目排名第一的满小饱肥汁米线等，甚至还有独立成袋销售的赤藓糖醇——一种曾经在过去几年被所有气泡水品牌疯狂争抢的代糖原料。

　　主要在许昌、新乡等三线城市经营的胖东来，通过为消费者提供这些小众品牌、网红品牌，与那些只追求销量、只销售一线品牌的普通超市拉开了差距。这种差异化的商品策略，不仅增加了消费者的好感度，更提升了胖东来的品牌形象和市场竞争力。

用爆品思维经营产品

2023 年中秋节前夕，胖东来的大月饼突然火爆全网，掀起抢购热潮。

这款大月饼是胖东来的自营产品，尺寸为 6 寸大小，有芋泥麻薯酥和红豆蛋黄酥两个口味，价格均为 29.8 元 / 个。自从 2023 年 8 月 31 日开始销售以来，每天刚一上架就销售一空，可谓"一饼难求"。

为了尝一尝传说中的网红大月饼，很多人凌晨四点就来到胖东来，在门前排起长长的队伍。若是有不了解情况的人路过，会以为这是疯狂的粉丝们在排队购买偶像的演唱会门票。有网友曾感叹："我第一次来这里打卡时，看到外面那些踮起脚尖、准备冲进去的人群，他们的热情和期待程度简直就像是在参加智勇大冲关一样。"

为了满足更多顾客的需求，胖东来加大了大月饼的供应量，并且规定每人限购四个，还禁止员工和管理层购买，但尽管如此，大月饼依然供不应求。

考虑到排队和代购现象火爆，影响了消费者的正常生活节奏和健康作息，2023 年 9 月胖东来发布公告，决定暂停线下门店销售，改为线上销售。不过，线上商城的抢购盛况一如线下，每天，大月饼只要一上架就售罄，手速慢的根本抢不上。

虽然可以线上购买了，但因为大月饼只能"同城配送"或"当日自提"，外地朋友们还是无法买到，于是，很多人在网上找"黄牛"，不惜加价代购。

胖东来的大月饼究竟为什么这么火？

其实，追根溯源，是因为胖东来是以爆品思维来经营产品。

"爆品"和"产品"，只有一字之差，却有云泥之别。

20 世纪 80 年代，无论一家企业生产、销售的是什么产品，都能非常轻松地卖出去。因为当时处于改革开放的初期，市场上产品匮乏、物资短缺，消费者需求旺盛，所以"什么都能卖"。在那个时代，产品几乎不需要太多营销，就能迅速被市场消化。

到了 21 世纪初期，随着社会的飞速发展和市场经济的进一步完善，物资短缺的问题已经得到了解决，市场也随之发生了巨大的改变——从"量"的满足转变为"质"的满足。面对层出不穷的同类产品，消费者开始有所选择：选择更便宜的，选择质量更好的，选择知名度更高的，选择更熟悉的。

近 20 年来，互联网和数字化技术的飞速发展，将中国市场带入了一个前所未有的变革时代。在这个时代，我们看到，市场上最不缺的就是产品。无论是哪一个品类，都会有各种各样的产品涌现，消费者们也变得越来越"挑剔"，他们不再满足于平庸的产品，而是寻求那些能够真正解决痛点、带来价值的产品。然而，放眼当下，市场上充斥着大量的同质化产品。这些产品往往缺乏创新，不能真正满足消费者的需求，无法解决他们的痛点，因此，它们只能称之为普通产品，沦为生意人追逐利润的工具。

可悲的是，很多企业经营者在这方面却往往过于自信，一说起自己的产品就眉飞色舞。殊不知，在这个"饱和式生产"的市场经济社会，你的产品即使品质再好、工艺再精、专利再多，如果不能占领消费者的心智，就不能得到他们的认同。那么，这些所谓的产品，最终只能成为"库存"。

在如今这个时代，如果一家企业只满足于生产、销售"产品"，就等于主动接受了被市场淘汰的命运。在互联网环境下，没有爆品的企业最终会失去立足之地。

事实就是这么残酷。因为互联网让一切都变得"透明"，谁好谁坏、谁是第一品牌大家都了如指掌，这就会导致流量向优胜品牌不断倾斜，甚至造成垄断。过去，因为地域保护、信息不对称、渠道覆盖不到等各种原因，排名靠后的品牌还有可能获得一丝生存的空间，而现在，这是绝对不可能的，流量总是集中在第一品牌手中，第一品牌的销量往往是后面所有品牌的总和。

商业的本质是爆品，不是产品。正因为意识到了这一点，越来越多的人开始觉醒：在互联网时代，打造爆品已经成为最重要的事情之一。小米的创始人雷军曾说："在追求效率的互联网时代，你有没有能力做出爆品是最为关键的。这是因为，有爆品才有流量，才有口碑，才有销售额，才有效率。"美的董事长方洪波也说："美的正在对企业进行一场前所未有的组织变革和文化变革，所有组织结构都是围绕着用户来设计，目的就是打造爆品。"

现在，再回到最初的那个问题：胖东来的网红大月饼为什么会火？我们会发现，它正符合爆品所应具备的特点。

一是极致的性价比。胖东来的大月饼包装非常简单，从外观上看平淡无奇，甚至有些土味，但是口感却很不错。以芋泥麻薯酥饼为例，外皮炸至金黄色，口感酥脆，内部的麻薯则软糯细腻，一口咬下去，口感十分丰富。同时，芋泥的香甜与麻薯的软糯完美结合，让人回味无穷。更难能可贵的是，它拒绝"科技与狠活"，配料表的成分非常干净，排名靠前的都是馅料、麻薯、小麦粉等食材，没有太多添加剂。而用料如此扎实的大月饼，售价仅为 29.8 元，性价比极高。

无论哪个时代，高性价比都是消费者永恒的追求。如果品质无法保证、价格又高昂，想让产品成为爆品，就是痴人说梦。只有为消费者提供品质过硬而好用的产品，才能得到消费者的青睐。这是胖东来的大月饼在市场上脱颖而出的根本原因。

二是创新性。市面上常见的月饼，通常是小月饼，千百年来，人们都已习惯了购买这样的月饼。而胖东来的月饼却足足有 6 寸，像比萨、蛋糕一样大，可以让很多人分享。这个微小的创新，却能吸引消费者的眼球，激起他们购买的欲望。每个企业都希望产品能有革命性的、颠覆性的创新，引领市场潮流，然而，这种颠覆性的创新并非易事，它需要巨大的勇气、智慧和资源。其实，如果能像胖东来一样进行一些"微创新"，也足以使产品获得差异性的竞争优势。微创新就像是"涓涓细流，点滴成潭"。它们不是那种开天辟地、伤筋动骨式的大变革，而是在产品的功能、定位、包装、渠道、服务等多个层面进行的细致入微的提升，是对产品的持续优化和改进。这种改进，看似微小，却能够在产品的细节之处，为消费者带来更好的体验，满足他们更多样的需求。

三是好口碑。多年来，胖东来的企业文化、极致服务、高工资高福利、精细化管理一直被消费者称赞，由此实现了顾客资产的留存，与品牌资产的沉淀。正因为如此，当胖东来推出新产品时，尤其是当消费者购买了之后感觉还不错时，就会主动成为产品的"口碑宣传员"。正所谓"星星之火可以燎原"，一个人的力量看上去是微不足道的，但他却能影响两个人、十个人甚至上百人，让越来越多的人来购买产品，同时使产品的好口碑在更大范围内传播。

千万不要忽视口碑传播的作用。从古至今，口碑都是一种重要的、可信的传播途径。在我国传统文化中，有很多关于口碑的描述，如"好事不出门，坏事行千里""众口铄金"等。而到了如今的移动互联网时代，人们通过电话、网络社交平台等途径能够更快地传播口碑。也就是说，良好的口碑对于企业就如同一块磁石，可以最大限度地吸引潜在用户。

当消费者在互联网或者电视、杂志等传统媒体上看到企业花钱投放的广告信息时，常常会认为这不过是企业在自吹自播，希望以此来"忽悠"消费者购买他们的产品。这时，消费者在心理上对这样的广告信息就会产生一定的免疫力，从而使广告的营销作用大大削弱。然而，消费者之间的口碑传播却是从来都不会被企业"雇用"和控制的，它源自于消费者的体验和评价，是消费者的自发传播，更加真实，更有借鉴意义。因此，在消费者心目中，口碑的可信度远远高于任何广告。

当消费者从自己身边的亲朋好友口中得到关于某种产品的完整、真实的信息后，他们对这种产品的看法就会产生一种印象，而且这种印象在一定程度上已经定型了。对于消费者来说，来自亲友、同事的真心推荐远远胜过广告所带来的影响，因为这些人提供的信息更加可靠。

在胖东来，不只是网红月饼，还有很多产品也非常火爆，比如红丝绒蛋糕、冰面包等，都曾出现过疯狂抢购的现象，为什么？正是因为在口口相传之下，胖东来已经赢得了好口碑，大家都相信"胖东来出品，必属佳品"。

一款网红大月饼，使胖东来的各个门店人潮涌动。这就是用爆品思维经营产品的真谛：打造出超级好卖的产品，不仅能带动整体销售，带动品牌提升，更能带动企业的长久发展。

事事有流程，人人有标准

中国零售业经历了四十多年的发展历程，在中国经济腾飞的大潮中，前三十年的零售业如同一艘乘风破浪的巨轮，驶入了高收入与高增长的黄金海域。低廉的土地成本、丰富的人口红利以及广阔的市场潜力，这些得天独厚的条件，为国内零售商带来了前所未有的繁荣与机遇。在那个只要向前狂奔就能赚得盆满钵满的时代，几乎所有企业都在忙着扩张、做大，没有人愿意放慢脚步，静下心来修炼内功，进行精细化管理。

而于东来却敏锐地意识到：随着时代车轮的滚滚向前，市场环境必将经历翻天覆地的变化。人口红利的退潮，土地成本的攀升，这些变化如同潮水般涌来，使零售市场的竞争进入一个全新的白热化阶段。在这样一个竞争激烈、充满变数的市场中，要想获得持续的发展，必须转变思路，从粗放式运营转向精细化管理。

胖东来的管理究竟精细到什么程度呢？通过一份报告，我们就可以窥见一斑。

2023 年 6 月 20 日，一段视频在抖音平台上迅速传播，随后在网络上引起了广泛关注。视频的标题是《头一次见吵胖东来的人》，记录了在胖东来超市的称重台发生的一起顾客与员工的冲突事件。视频中，一位顾客对一名男员工大声呵斥，言辞激烈，还不时用手对那位员工指指点点，而被指责的员工只是偶尔简短地进行回复，大部分时间保持沉默。值班班长和周围的其他员工则试图劝阻顾客，避免事态进一步升级。

这个事件不仅在社交媒体上引起了热议，也引发了公众对于服务行业员工待遇、顾客行为以及企业应对策略的大范围讨论。

面对突然发酵的舆论，胖东来迅速响应，在内部先后展开多轮调查，并于 2023 年 6 月 29 日发布了《关于"顾客与员工发生争执事件"的调查报告》。这份调查报告长达 8 页，不仅有封面和目录，还详细介绍了两次调查的时间、过程、处理方案等，更值得一提的是还针对"视频争吵事件""首次调查结果出现较大偏差事故"进行了深入的分析。这种教科书式的顾客投诉处理方式，可谓公关界的天花板。

那么，这份报告到底说了什么呢？因篇幅关系，我们节选其中部分内容：

二、6 月 20 日首次调查结果

（一）调查参与人员

1. 超市客服负责人：丁 × ×

2. 时代超市管理层：店长（慕 × ×）、处长（陈 × ×）、课长（刘 ×）

3. 时代超市员工：当事员工（左 ×）、现场劝解员工（陈 × ×、冯 ×、焦 × ×、孙 × ×）

（二）调查过程

1. 早上 8:30 相关人员到达门店集合，针对此事件进行调查。

（1）课长到监控室调取当日监控视频；

（2）当事员工状态比较紧张，店长及客服负责人单独与员工沟通，安抚情绪并做正向引导，并由员工陈述事情经过；

（3）现场劝解人员到达，客服负责人对大家的劝阻行为进行肯定，并由每个人陈述当时现场情况，以及讨论此事件中存在的问题、如何处理；

（4）讨论后，由于当天是周二，为了不打扰大家休息，让 4 名劝解员工先行离开；客服负责人、门店店长、处长、课长、当事员工再次针对此事件进行沟通，沟通后让当事员工也先行离开；剩余客服负责人以及门店管理层针对员工陈述进行文字描述！

2. 员工陈述内容

（1）当事员工陈述经过内容

"我当时在封装特价商品，这个顾客自己挑选一袋商品，让我按折价称重，我说：'你正常挑选的商品，不能折价，得到称重台称重，我封装的才能折价'，我封装完推着周转筐到称重台准备称重，当时一群顾客围着周转筐进行争抢，把我挤的称不成，我也害怕出安全问题，就转身离开了，想等人少后再过去称重，我离开后意识到离开不对，就给我课长打电话，课长说我离开不对，得在现场维持秩序，让我先回去称重。"

（2）在场劝解员工只参与了争吵发生的过程，前边起因不太清楚。

（3）劝离顾客的值班员工陈述内容"因为咱的原因让顾客长时间等待，确实是咱不对，所以我把顾客的商品折价称重后安抚顾客情绪，把顾客劝离。"

(三) 文字情况说明

结合员工陈述以及调取的监控进行核对，客服负责人以及门店管理层进行此事件书面情况说明。由于调取的监控视频只有画面，没有声音，更多是通过当事员工的描述结合视频进行了现场情况的还原，当日也没有与顾客进行沟通与核实。

调查结果详细描述：

6月19日20:40左右，蔬菜课员工在台面封装折价商品，并放置周转筐到称重台进行折价称重，其中当事顾客拿着自己提前自行挑选的商品，要求员工对其进行折价，员工进行解释："自行挑选的商品不做折价，可到称重台正常称重。"

员工对折价商品封装完到称重台处进行称重时，有多位顾客围着周转筐对未称重商品进行哄抢，员工提醒并制止："大家请不要抢，等称重后再进行挑选，这样争抢无法正常称重"，提醒并没有起到作用，由于当时购买折价商品顾客比较多，员工已无法正常称重，选择先暂停，等待客流减少，离开称重区域后意识到离开是不对的行为，便与部门主管联系，寻求解决方法，主管告知员工，先返回区域维持好秩序，有序称重！

员工回到称重台对折价商品进行有序称重，其中当事顾客由于等待时间过长（从员工离开称重台到再次返回间隔6分钟），顾客不理解，看到员工返回后情绪激动，要求员工必须将其挑选的商品按照折价商品进行称重，员工只做解释自行挑选的商品不符合折价标准，未告知顾客如何解决，导致顾客情绪激动，言辞激烈、呵斥指责该当事员工不配做一名胖东来人，要投诉员工服务态度！

通过查看监控视频，同区域在岗员工在问题发生第一时间都有主动上前劝解安抚该顾客情绪的行为，其中一名值班女员工，从事件开始至结束，全程安抚顾客劝解双方，并因我们的原因造成顾客长时间等待，表示歉意，主动将顾客挑选的商品按照折价称重后将顾客劝离现场。

顾客到烟酒柜再次反映此问题，值班主管立即到烟酒柜对顾客真诚致歉，并了解事情经过，告知我们的折价标准以及员工在处理该问题时存在的不足，取得顾客理解！

（四）处理结果

1. 奖励：

（1）对当事员工未满足顾客不合理诉求，制止不好的行为，受到顾客的指责，发放500元委屈奖；

（2）对值班员工全程处理安抚顾客，勇敢承担责任，积极解决问题的行为奖励价值500元礼品一份；

（3）对在场当班其他员工积极上前劝解安抚顾客的行为，进行通报表扬，奖励礼品一份。

2. 处理：

（1）对于当事员工在称重时，未做到对顾客的哄抢行为进行正确引导，疏散人群，自行离开的行为，依据胖东来《日常管理制度》纪律重点违纪第10条：客流高峰期，未及时主动疏散人群，扣50分处理；

（2）对门店店长、部门处长、课长、值班主管日常管理引导不到位负连带责任，各扣 50 分处理。

…………

四、针对发生"视频争吵事件"的问题分析及整改

（一）问题分析

1. 当事员工问题：

服务违纪，员工遇到顾客无秩序抢购时，没有相匹配的服务意识和能力，不知所措、自行离开现场！没有采取正确的方法进行现场的秩序维持和顾客引导！

2. 管理问题：

（1）缺乏对员工日常服务意识、服务状态的标准引导及考核，缺乏应对日常突发事件的处理解决能力！

（2）管理层在事件调查过程中，存在主观臆断，不够严谨理性。

3. 标准问题：

（1）制度管理：针对具体事件的不同情况，缺失更细化的、相对应的处理标准。

（2）日常工作标准：生鲜折价商品标准不够细化。

4. 当事顾客问题：

遇到问题不够理性，没有通过正确渠道反馈问题！当众呵斥指责员工，不尊重人格、伤及尊严。

（二）问题整改

1. 结合公司相关模块负责人，针对日常突发事件即时形成案例，对员工及管理层进行培训，提升员工及各级别管理人员处理突发事件的心理能力和解决具体问题的能力；

2. 制定管理人员文化培训计划，通过文化分享不断提升管理人员的思想格局，转变思维认知，培养专业、严谨的做事习惯；

3. 完善各项管理制度及工作标准：

（1）补充、细化各项管理制度，针对具体行为都能有相应的处理

依据，对不同程度违纪行为处理结果的合理性进行梳理；

（2）梳理完善《岗位实操标准》，完善生鲜商品折价标准，对"胖东来生鲜商品出清标准"进行卖场公示，并在产品出清时及时放置"出清"提示，让顾客知情；

（3）完善细化《委屈奖发放标准》；

（4）完善《员工奖励标准》，设计多种有价值意义的礼品（公平、正义、勇敢、阳光、自信），针对集齐全套礼品员工，设置更高的奖项作为奖励，鼓励员工勇敢地维护正义；

4. 完善并推广申诉渠道，引导员工、顾客、合作伙伴通过正规渠道理性维权，共同创造并维护公平、正义的环境；

5. 排查卖场监控，提升清晰度，并针对重点区域增加声音布控。

在这份详尽的调查报告中，我们会发现，有几个关键词频繁出现：流程、标准、制度……这些关键词不仅是企业管理的基石，更体现了胖东来在面对顾客投诉这类敏感事件时的成熟与专业。

面对冲突，胖东来并没有选择简单的应对措施，而是启动了一套完善的处理流程。从初步的了解情况，到深入的调查分析，再到最终的解决方案制定，每一步都严格遵循既定的程序，既使突发事件迅速、有效地得到处理，又确保了处理的公正性和透明性。

同时，胖东来在处理这类事件的时候，还有一套系统化的处理标准，使每个具体行为都有明确的判断标准和处理依据。员工到底有没有做错？根据《岗位实操标准》来判断；对顾客的投诉应做出什么样的反馈？有《客诉处理标准》；员工违规了怎么处理？《服务管理制度》有非常细化的规定。通过这些标准，胖东来能够在保证服务质量的同时，最大限度地维护顾客的权益。

在胖东来，服务好顾客从来不是一句空洞的口号。为了确保服务质量，胖东来订立了明确的服务标准，列出了细致的操作流程，让每一位顾客都能感受到贴心的关怀和专业的服务。调查报告中提到的《客诉处理标准》（如表 6-1 所示）就是胖东来的一项非常重要的标准。这个标准不仅为员工提供了处理顾客投诉的具体指导，也为顾客明确了他们可以期待的服务水平。

表 6-1 胖东来客诉处理标准

分类	出现的类型	处理办法	涉及部门	法律依据
服务原因	员工在服务中未按照公司的岗位服务标准为顾客服务	向顾客表示歉意，经核实针对该件事情给予 500 元服务投诉奖	所有部门	无
	严重影响公司形象的恶劣行为	向顾客表示歉意，经核实针对该件事情给予 500 元服务投诉奖	所有部门	
工作失误	多收、多扫、重扫、称重、发错商品等现象	向顾客表示歉意，经核实针对该事情给予 500 元服务投诉奖	所有部门	《中华人民共和国消费者权益保护法》第五十五条规定，经营者在提供商品或者服务时存在欺诈行为的，应当按照消费者的要求对其受到的损失进行赔偿，赔偿的金额为消费者购买商品的价款或者接受服务的费用的三倍；赔偿的金额不足五百元的，为五百元。法律另有规定的，依照其规定。
价格原因	商品价格与小票不符	向顾客表示歉意，经核实针对该事情给予 500 元服务投诉奖	所有部门	
	商品出现两个不同标签	向顾客表示歉意，经核实针对该事情给予 500 元服务投诉奖	所有部门	
商品原因	重量、标示不符	向顾客表示歉意，经核实针对该事情给予 500 元服务投诉奖	所有部门	

（续表）

分类	出现的类型	处理办法	涉及部门	法律依据
食品、药品类		1. 非农产品出现异物，给予 1:10 补偿 2. 非农产品出现变质、日期不符，给予 1000 元补偿 3. 非农产品出现过期现象，给予 2000 元补偿 4. 卤肉类、油炸类、凉拌类二次加工的熟食产品出现腐烂，给予 5000 元补偿；出现变质导致生虫，给予 10000 元补偿 4. 食用农产品出现异物、变质、日期不符等现象，给予顾客退货，并赠送同等商品一份 备注： 1. 食用农产品包括粮食、蔬菜、水果、茶叶、水产品、肉类产品、蛋类、蜂类产品、中药饮片等农产品，以及面粉、腌菜、分割肉、松花蛋等初级加工的农产品 2. 食用农产品因外在磕碰出现品相不好给予退换货处理 3. 食用农产品特价商品出现品相不好给予退货处理 4. 因顾客储存不当造成的商品质量问题给予退换货处理 5. 如果顾客使用该商品后，身体有不适应的情况我们会协助去市级以上医院检查治疗	超市	《食品安全法》第一百四十八条规定，生产不符合食品安全标准的食品或者经营明知是不符合食品安全标准的食品，消费者除要求赔偿损失外，还可以向生产者或者经营者要求支付价款十倍或者损失三倍的赔偿金；增加赔偿的金额不足一千元的，为一千元。但是，食品的标签、说明书存在不影响食品安全且不会对消费者造成误导的瑕疵的除外。 《农产品质量安全法》第七十九条规定，违反本法规定，给消费者造成人身、财产或者其他损害的，依法承担民事赔偿责任。生产经营者财产不足以同时承担民事赔偿责任和缴纳罚款、罚金时，先承担民事赔偿责任。

分类	出现的类型	处理办法	涉及部门	法律依据
	非食类商品质量问题（异物、变质、过期等）	根据《消费者权益保护法》，经过国家授权的相关单位或厂家授权机构进行鉴定，胖东来按照三包规定（包退、包换、包修）进行相应处理，并向顾客道歉。退换标准根据各部门《退换货标准》执行	超市	《消费者权益保护法》第二十四条规定，经营者提供的商品或者服务不符合质量要求的，消费者可以按照国家规定、当事人约定退货，或者要求经营者履行更换、修理等义务。
	商品使用过程造成的意外伤害或纠纷	1. 首先按照胖东来退换货标准给予办理 2. 参照胖东来《质量伤害事故或纠纷处理流程标准》	所有部门	没有国家规定和当事人约定的，消费者可以自收到商品之日起七日内退货；七日后符合法定解除合同条件的，消费者可以及时退货，不符合法定解除合同条件的，可以要求经营者履行更换、修理等义务。依照前款规定进行退货、更换、修理的，经营者应当承担运输等必要费用。

备注：
1. 征求顾客意见，主动上门为顾客办理。顾客坚决不要投诉奖的，赠送给顾客同等价值有纪念意义的礼品。
2. 卖场环境伤害事故：参照胖东来《卖场伤害事故处理流程》，物品丢失：向顾客致歉，协助报警，并协助顾客在国家法律范围内处理。
3. 以上出现类型均按照胖东来《客诉处理标准》处理，对员工的处理均按照胖东来各项管理制度处理，对供应商的处理按照胖东来《商品采购合同》中的供应商管理规定处理。

其实，不只是顾客投诉处理，在胖东来，可谓"事事有流程，人人有标准"。

举个例子，针对新品的引进，胖东来制定了明确的标准，让员工一看就知道哪些商品应该引入企业：

1.缺类商品：企业中暂时没有该商品品类的商品以及季节性商品。

2.新商品：刚刚上市的市场上之前从未有过的商品以及具有新功能的商品。

3.新进老品：已经在市场上销售却因为种种原因没有引进到企业中的商品；对于此类商品，必须认真查清过去没有引进的原因以及商品情况，判断该商品是否已经面临淘汰，是否值得引进。

4.替换商品：能够替换某商品分类中滞销的或毛利低的商品的商品，品质应高于同类商品。

5.形象商品：能够提高企业商品档次、健全企业商品结构的商品。

6.广告商品：经常在各种媒体进行宣传推广的商品。

同时，胖东来还设计了完善的流程，如图6-2所示：

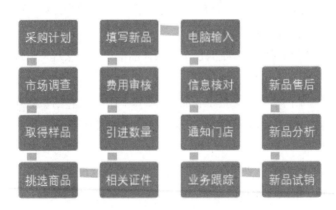

图6-2 胖东来新品引进流程

对组成这个流程的每个环节要做什么，胖东来也进行了详细的规定：

1.采购计划：引进新品的时候业务员应该认真检查其所属分类的商品结构、单品数量，看看引进的新商品是不是缺功能商品、价格带空缺商品、规格带空缺商品、品牌空缺商品或顾客需求商品。

2. 市场调查：通过市场调研、互联网查询、外出考察等各种方式获取商品的信息，并寻找目标供应商。

3. 取得样品：由供应商提供样品、报价单以及相关的证件。

4. 挑选商品：根据样品、价格以及品类需求对商品进行挑选。

5. 相关证件：业务员对厂家及供应商提供的报价单、新品相关证件的合法性进行审核。

6. 引进数量：业务员与供应商确定最终引进的新品数量、价格以及相关费用。

7. 费用审核：业务员将新品费用通知单提交给结算中心，供应商将收据原件或收据复印件转交业务人员。

8. 填写新品：业务员填写《新品引进表》并附新品样品及费用收据，由处长审核新品证件后签字。

9. 电脑输入：审核通过后，业务员将《新品引进表》传资讯部录入员进行商品基本信息的输入。

10. 信息核对：业务员对已录入的商品信息进行核对，确认无误后该商品信息方可使用。

11. 通知门店：业务员将新品名称、条码、新品目的、陈列建议、商品卖点、商品售后及销售门店通过公共网或微信告知所供门店，通知它们要货。

12. 业务跟踪：业务员跟踪门店新品的要货情况及销售情况，如果出现异常，及时上报部门主管，由部门主管进行检查落实。

13. 新品试销：新品进行为期 2 个月的试销（特殊商品、季节商品除外）。

14. 新品分析：业务员在每月 27 号对各课前 2 个月新品进行统计，根据分析结果，确定是转为正常商品，还是淘汰。

15. 新品售后：业务员根据新品分析的结果，以公共网通知的方式告知门店需退货清单以及截止日期，门店根据退货日将淘汰的商品退回仓库或供应商。无售后商品则由业务员制订解决方案，报商品部主管审批。

流程之于胖东来，不仅是管理工具，更是血脉，它们贯穿于组织运作的每一个环节，以有序的步骤和明确的指引，引导着员工的每一步行动。流程的存在，减少了工作中的混乱和不确定性，使每个任务都能够按照既定的节奏和标准高效完成。流程的存在，让企业在面对复杂多变的市场环境时，依然能够保持清晰的方向和稳健的步伐。

而标准之于胖东来，既是日常工作的指导手册，更是对顾客的一份庄严承诺。这些标准体现了胖东来对顾客声音的尊重，对顾客感受的重视，以及为了提高服务质量所做出的不懈努力。它们不是空洞的口号，而是实实在在的行动准则，指引着每一位员工的日常工作，确保每一次顾客体验都能达到最高标准。

在胖东来，流程和标准不是束缚，而是赋能。它们以有序、高效、可控的方式，赋予了员工明确的方向，赋予了企业强大的执行力，赋予了顾客无与伦比的服务体验。对流程与标准的执着追求，将引领胖东来走向更加辉煌的未来。

第七章

共赢：以心为本，做幸福企业

　　于东来时时教诲胖东来的员工，人生真正的追求应该是快乐和幸福。比起教员工如何工作，他教得更多的，是如何体验生活、如何享受快乐。所以，胖东来的员工在不忙的时候，可以看看手机、听听音乐；胖东来的收银员不用站一天，可以坐着收银；在春节这个零售业最旺的节假日，胖东来会闭店休息，员工们可以和家人一起过个团圆年。

　　在于东来这个大家长的带领下，胖东来不仅仅是一家企业，更是一个充满爱、充满快乐的大家庭。在这里，员工之间的关系超越了普通的同事关系，他们像兄弟姐妹一样，彼此关心，相互支持，齐心协力。在这个和谐而充满人情味的工作环境中，他们不仅能够开心地工作，更能够在工作中找到乐趣，发挥出自己的最大潜能。

独树一帜的"幸福文化"

在一次行业分享会上，面对着台下满座的企业家们，于东来滔滔不绝地讲了四个小时，却一句都没有提到经营。他的讲话中，出现次数最多的词，是爱、幸福、快乐、自由……

他反复地问那些向他取经的企业家们：

"你究竟是个什么样的人？你们认为自己快乐吗？你们创业的初衷是什么？难道不是让自己幸福、快乐吗？"

"我们为什么不能悠然一点呢？为什么不能把自己的生命安排得合理一点呢？为什么不能让自己的心静下来一点呢？"

"如果人性当中没有真诚，没有友善，没有成人之美的心，会幸福吗？没有轻松，没有快乐，何来美丽？"

经济学上，企业以利润最大化为生存和发展的根本目标，但在于东来看来，企业真正应该追求的不是利润最大化，而是幸福最大化。他希望胖东来成为幸福企业，"用幸福文化来鞭策这个企业，让员工更快乐地工作，更健康地工作，更有品质地工作，为这个社会带来品质、价值和美好，推动国家、社会和人民获得幸福。"

到底什么是幸福企业呢？

不同的个体、不同的企业，对于幸福的诉求是千差万别的。不同的社会、不同的时代，幸福的内涵也是大相径庭的。幸福没有权威的定义，也没有固定的模式，同样，幸福企业也被赋予了各种不同的含义。

如果用一句最简单的话来总结，幸福企业就是能够创造幸福的企业。为谁创造幸福呢？为自己，为员工，为客户，为合作伙伴，为社会……

于东来深知，胖东来不只是自己的企业，更是员工的企业，是顾客的企业，是社会的企业，只有让员工为幸福而工作，让顾客在购物中获得幸福的体验，让社会因胖东来而受益甚至变得更美好，胖东来的存在才是有意义的。

于东来对于幸福企业的认知，与日本经营之神稻盛和夫可谓异曲同工，稻盛和夫正是倡导幸福企业的楷模。

年轻时，稻盛和夫创建了京都陶瓷株式会社。京都陶瓷株式会社是一家高新技术企业，以精密陶瓷技术为核心竞争力，但是，稻盛和夫本人却不是技术出身，他对公司的核心技术甚至可以说丝毫不了解。刚创业时，他的公司里有八个员工，除了他之外，其他人全都精通陶瓷技术，其中有一位叫作井上的员工，更是这方面的顶尖高手。

虽然身为老板，但稻盛和夫并没有一切以自己的利益为重，相反，为了让井上生活得更舒适，他把自己的车和办公室都让给井上用，还把他刚刚装修好的家腾出来让井上和其他员工居住，而他自己却租了一间很破旧的小平房。

稻盛和夫还总是不忘表达对员工的感谢，他时不时地对井上说："我要感谢你一直跟着我创业。我只是一个给京瓷未来做好梦的人，但你，才是真正的筑梦人。"稻盛和夫的利他之心深深地打动了井上和其他员工，他们纷纷发誓要为京瓷奉献自己全部的聪明才智。在他们的共同努力下，十年后，京瓷果然成为了全球知名的上市公司。

20 世纪 80 年代，日本通讯业界风云突变。一场突如其来的变革席卷了整个行业——日本《电气通信事业法》允许通讯民营，由日本电信电话公社主导的垄断体制终于宣告结束，一个自由化的、民营化的、竞争的时代随之而来。

此时，来自四面八方的媒体评论对通讯市场自由化的必然性达成了共识，但是，与这些报道中言之凿凿的改革趋势形成鲜明对比的是，始终没有新的民营企业参与到这一领域的竞争中。如果一直没有出现新的竞争者，日本电信电话公社一家独大的局面是不可能发生任何改变的，民众就只能继续承受昂贵的通讯费用。

亲自目睹通讯业界的风云变幻，稻盛和夫忽然产生了一个大胆的想法：创立民营通讯公司，打破日本电信电话公社的垄断，为民众谋福利。

有志始成行，但稻盛和夫深知，如果这份责任感掺杂着私心的话，有可能最终一事无成。于是，很长时间以来，他每天晚上入睡之前都会问自己："你参与通讯事业到底是为了什么？你的动机是否纯粹？你真的是为了民众吗？你有没有为公司或个人谋利益的私心？是不是为了受到社会的关注而自我表现呢？"

经过对初心的成千上万次拷问之后，他终于确定了内心深处无可动摇的意志，KDDI 公司由此而生。

KDDI 成立之后，问题可谓层出不穷，比如缺乏通讯行业经营经验、核心技术匮乏、基础设施必须从零开始建设等。然而，在困难面前，稻盛和夫没有轻易放弃，而是迎难而上、自立奋战。他坚信，只要一心做有利于国民的事情，企业终究会获得成功。果不其然，没过多长时间，KDDI 的业绩就领先于同期参与的其他企业。

更令人惊讶的是，作为经营者的稻盛和夫不曾持有 KDDI 的一分股票，却为普通员工提供了购买股票的机会，让员工们可以共享 KDD1 的发展带来的收益。

稻盛和夫的这种精神让每一位员工都深受感染，使他们更加心甘情愿地为企业的发展壮大而付出努力。在这种万众一心的努力之下，KDDI 的业绩一直直线上升，成立不到 20 年，就跻身世界 500 强行列。

稻盛和夫是这样诠释自己这种商业精神的："我白手起家创业到今天，只用了 40 年的时间，就使企业获得了这样的发展，并不是因为我本人具有超群的才能，而是因为我一直忠实地践行我所说的经营原则，这才使我们的事业有了今天这样的空前发展。这并不意味着要去做什么特别的事情，就经营者来说，就是努力把企业经营好，让员工能够放心地把自己的人生托付给公司。这本身就是了不起的善举，就是为社会为世人尽力。我认为，通过这种善行而磨炼得更为美好的灵魂，才是能够带往那个世界的、唯一的、真正的勋章。"

管理学家拉斯姆斯·侯格、杰奎琳·卡特在其著作《领导者的心智模型》中提出了"MSC领导力心智模型"，即正念（mindfulness）、无私（selflessness）、仁慈（compassion）。在他们看来，这三者是构成领导力的核心要素，也是那些伟大企业家的基本特质。把人放在战略的中心，做正念、无私和仁慈的领导者，释放自己、员工和企业的内在驱动力，才能最终取得卓越的成果。稻盛和夫如此，于东来亦然。

与稻盛和夫一样，于东来也在自己的企业中构建了一套独树一帜的幸福文化。

在胖东来，"人"是做一切事情的起点。比如，很多人希望胖东来到全国各地开店，但于东来却坚持不扩张，其中有一个重要的原因是，扩张会降低员工的幸福感。在一次演讲中，于东来说："我可以去郑州开店，甚至可以去北京、上海这样的大城市开店，而且去大城市开店我可以赚得更多。但是我的员工在那里活不下去，胖东来员工的工资可以让他们在许昌、新乡这样的地方过得还算滋润，买房、买车、照顾老人、抚养孩子，难度不大，但在大城市，这个工资可能只够让我的员工养活自己。"

在胖东来，于东来不是"于总"，而是"大哥"。他像一个大家长一样，照顾着胖东来的每一个员工。他说，"要把员工看成亲人，而不是把他们当成赚钱的工具。如果所有企业家都能做到视员工为家人，社会一定会变得更加和谐。"

于东来努力构建一个类似乌托邦的商业王国，希望胖东来的员工凭借自己的努力就能买得起房子、开得上车，能让妻子儿女过上幸福的生活。

在胖东来入职的员工，都会收到一本《幸福生命状态手册》，里面涉及生活的方方面面，有和生活品味相关的，怎样买鲜花，如何装修房子，也有教育和赡养相关内容，还指导员工怎样学习，这是一本生活宝典，刚入职场的年轻人，能收到这样一份手册，可以避免走许多弯路，生活也会更加多姿多彩。

同时，员工们还会拿到其他两本手册——《岗位实操手册》和《人生规划手册》，一本指导工作，一本指导生活。其中，《人生规划手册》由"人生规划""工作标准""生活标准"等几个部分组成，这本薄薄的小册子将于东来对员工的关爱展现得淋漓尽致。比如，"人生规划"部分详细介绍了从基层员工到高层管理者所应具备的技能要求，以及每一层级的员工能享受到什么样的配套福利。以住房为例，按照胖东来的规划，基层员工可以两三个人合租一间二居室的房间；课长级别的员工能够拥有一套属于自己的 60～80 平方米的住房；处长则可以拥有 100 平方米的住房，精装修，家电齐全，欧式风格、田园风格、现代风格随便挑选，等等。与之相对应的，"人生规划"还规划了一个营业员成长为店长需要的时间、技能等。按照胖东来的规划，一个营业员成长为店长的时间为六年。换而言之，一个新加入胖东来的员工，只要好好工作、踏实肯干，六年后就可以享受到 120 平方米的豪华住房。

在《人生规划手册》中，于东来还为员工设计了人生规划路线图，如图 7-1 所示：

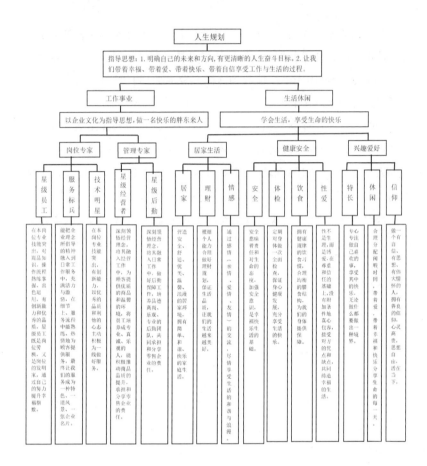

图 7-1 胖东来的人生规划路线图

　　于东来还时时教诲胖东来的员工，人生真正的追求应该是快乐和幸福。比起教员工如何工作，他教得更多的，是如何体验生活、如何享受快乐。所以，胖东来的员工在不忙的时候，可以看看手机、听听音乐；胖东来的收银员不用站一天，可以坐着收银；在春节这个零售业最旺的节假日，胖东来会闭店休息，员工们可以和家人一起过个团圆年。

　　在于东来这个大家长的带领下，胖东来不仅仅是一家企业，更是一个充满爱、充满快乐的大家庭。在这里，员工之间的关系超越了普通的同事关系，他们像兄弟姐妹一样，彼此关心，相互支持，齐心协力。在这个和谐而充满人情味的工作环境中，他们不仅能够开心地工作，更能够在工作中找到乐趣，发挥出自己的最大潜能。

于东来最引以为傲的，就是胖东来的幸福文化。在他所著的《美好之路》一书中，他写道，胖东来与 Costco、山姆、ALDI、伊藤洋华堂等连锁企业相比，技术方面或许仍有着很大差距，但在文化和体制方面却远比这些企业更好，主要体现在企业健康发展、员工薪酬福利以及带来的成就和幸福感等方面。

于东来对幸福的追求也是无止境的，尽管在外界看来，胖东来的员工已经足够幸福了，但于东来仍然不断地采他人之所长，提高胖东来的幸福指数："哪些人生活得比较幸福，我们就让这些幸福的地区和国家作为我们的榜样，去鞭策自己，就像胖东来一样，把这些理念融入其中，写进企业的制度当中，慢慢落实在企业的运营中，让更多胖东来人向更美好的生活方向去发展、进步。"

大爱无疆，以人为本，于东来想到了，也做到了。

给员工吃肉，将迎来一群狼

2024 年 4 月 17 日，于东来在自己的个人社交账号上发布了一条视频，在视频中，他说："胖东来 2023 年本来是准备只赚 2000 万的，但是没想到年底赚了 1.4 亿元。"

很多人可能对"1.4 亿元"这个数据没有概念，我们用一组数据来进行对照：根据永辉超市披露的 2023 年年度业绩预亏公告，2023 年永辉超市的归母净利润为 -13.4 亿元，永辉的年营业收入在 900 亿元的规模水平；大润发母公司高鑫零售 2023 财年营业收入 836 亿元，净利润则为 1.09 亿元。而规模小一点的山东区域零售企业家家悦的净利润与胖东来接近，其 2023 年营业收入为 177 亿元，净利润为 1.36 亿元。胖东来尽管没有对外公布其 2023 年营业收入，但在 2023 年年底，于东来曾向外界表示，胖东来 2023 年的年营业收入预计在 100 亿元左右。以此对比，胖东来的利润率超过了家家悦，也超过了永辉和高鑫零售。[1]

在实体零售不太景气、传统零售企业普遍遭遇生存压力的当下，一家偏居于许昌、新乡这样的三线城市的区域性零售企业，为什么能够创造这么傲人的业绩？

---

[1] 赵晓娟. 胖东来去年净利润 1.4 亿，超过永辉和大润发 [EB/OL].（2024-04-24）[2024-05-27].https://baijiahao.baidu.com/s?id=1797210480788654689&wfr=spider&for=pc.

最核心的原因是胖东来的分钱机制。

于东来在一次随笔分享中写到："制约家乐福、沃尔玛、大润发、世纪联华、永辉等很多大型企业以及其他一些中小型企业发展的主要问题，是员工工资收入低、过于在意短期的股东收益。当管理人员和员工的收入跟不上时代的步伐，员工就会感到没有希望，团队就开始产生很多问题。失去了优秀的团队，企业是永远都不可能健康发展的，也不会健康地呈现出自身最好的价值！……企业发展、对人的关心永远是第一位的！"

基于这样的理念，从胖东来成立之初，于东来就非常重视分钱。在第4章我们曾经讲到，于东来在2000年实施股份制改革后，将胖东来50%的股份分给了基层员工，40%的股份分给了管理层，还有5%的股份设立为奖励基金，用以激励表现卓越的团队和个人，而他自己只保留了5%的股份。其实，不光是分股份，公司的利润也被于东来非常慷慨地分给了员工。

在一次演讲中，他曾对胖东来的分钱制度进行了详细的讲解：

"从1995年起，我们就开始实施这种分配体制，那时候方法很简单，就是每个月盘存。打个比方，这个月盘存之后发现赚了10万块钱，那就直接奖励员工们1万块钱，我记得当时店长是分33.3%，也就是3000多块钱，班长分16.7%，就是1600多块钱，1600多块钱再加上他的工资，一个月的工资已经能达到3000多块钱了。其他普通员工分50%也就是5000多块钱，假如有10个普通员工，就每个人分500块钱。不论挣多少钱，我们都把它分掉，如果当时没钱了就先给他们打个条，有钱了再兑现，这样一步一步地走来。1999年，我们赚了1700万，又把它分掉了，除了公司运营必要的开支，分了47%多。当时，我计划用三年的时间挣到5000万，我想，给大家分50%，最起码让大家能存点钱，然后我还剩余了50%，我很满足。这之后，每年分给员工的比例都在增长，从2002年开始，每年挣的钱大概要分掉80%，其余的20%我花。就这样，越分越多，一直延续到现在。这种分配政策，使大家都非常真诚地投入，你怎么要求他们都会用心去做，所以企业能走到今天。"

最近几年，胖东来越来越火，生意也越来越旺，于东来分钱的比例也越来越高，现在，他把每年 95% 的利润都拿出来分给员工。据于东来说，2024 年 3 月份，胖东来的员工扣除掉社保后，到手工资最低也有 7600 多元，普遍到手工资在 8000 元以上。根据 2023 年河南统计年鉴，2022 年河南省批发和零售业就业人员年平均工资约为 67963 元[1]，折合到每月为 5663.6 元，两相对比可以看出，胖东来员工的工资水平远远超过了当地的平均水平。即使放眼全国，除了胖东来之外，也没有多少零售企业的最基层员工到手工资能达到 8000 元，就算是北京、上海等一线大城市的超市也做不到。

更遑论，在胖东来，员工的工资"上不封顶"。根据《中国企业家》杂志的报道，在胖东来超市部 2500 多人中，工资在 200 万元以上的有 17 个，工资在 100 万元以上的有 34 个，工资在 50 万元以上的有 83 个。[2]

都说想要赚钱先要学会分钱，于东来真正践行了这句话。

当然，胖东来的分钱机制远不止高工资这么简单，它是一个完整的、具有高度执行性的体系，以我们在前文中讲到的幸福文化为导向，以合理的工资制度为落脚点。

胖东来的工资制度非常详细，而且极其系统，值得所有企业经营者学习。胖东来曾经在官网上分享过超市部的各级别工资政策（2022版），我们截取其中一部分进行分享。

---

[1] 数据引自河南省统计局和国家统计局河南调查总队发布的《2023 年河南统计年鉴》第四部分中的 "4-12 各种分组的城镇非私营单位就业人员平均工资 (2022 年)"。

[2] 梁宵 . 俗人于东来，最懂凡人心 [EB/OL].（2023-07-03）[2024-05-24]. https://new.qq.com/rain/a/20230703A04E2E00.

员工工资政策如下：

一、工资组成

员工工资＝基础工资＋文化理念考评奖励＋专业知识／技能考评奖励＋日常管理考评奖励＋岗位补贴－统筹。

备注：正常出勤员工实发工资不低于4000元。

表7-1 员工工资组成及占比

岗位	工资组成标准					工资占比			
	基础工资	文化理念奖励	专业知识／技能奖励	日常管理奖励	合计工资	基础工资占比	文化理念占比	专业知识／技能占比	日常管理占比
员工	3500	500	500	500	5000	70%	10%	10%	10%

表7-2 各部门员工工资组成

部门	门店类型	门店	核定工资	基础工资	文化理念奖励	专业知识／技能奖励	日常管理奖励
超市	A类	时代超市	5200	3700	500	500	500
		云鼎店	5000	3500	500	500	500
	B类	生活广场	4800	3300	500	500	500
		人民店	4800	3300	500	500	500
		配送	4800	3300	500	500	500
		面包房	4800	计件工资	500	500	500
		后勤	4800	3300	500	500	500
	C类	劳动店	4600	3100	500	500	500
		金三角店	4600	3100	500	500	500
		北海店	4600	3100	500	500	500
		金汇店	4600	3100	500	500	500
		禹州店	4600	3100	500	500	500
	A类	时代烟柜	6000	4500	500	500	500
		人民烟柜	6000	4500	500	500	500

部门	门店类型	门店	核定工资	基础工资	文化理念奖励	专业知识/技能奖励	日常管理奖励
	B类	广场烟柜、冷吧	5500	4000	500	500	500
		劳动烟柜	5500	4000	500	500	500
		云鼎烟柜	5500	4000	500	500	500
		金三角烟柜	5500	4000	500	500	500
		北海烟柜	5500	4000	500	500	500
		金汇烟柜	5500	4000	500	500	500
		禹州烟柜	5500	4000	500	500	500

备注: 除生活广场冷吧外,其他门店冷吧核定工资标注与超市部门一致。

二、工资核算方式

1. 基础工资

基础工资与绩效关联,基础工资 =50%× 销售完成比 +50%× 毛利完成比。

完成比上限 110%,下限 100%。

2. 文化理念考评奖励

员工文化理念考评奖励基数 500 元,根据员工文化理念考评个人成绩占比,发放相应文化理念考评奖励。

文化理念考评奖励核算方式:

(1)个人成绩占比 = 个人总成绩 / 小组总成绩

(2)个人奖励金额 = 个人成绩占比 × 小组奖励基数总额

3. 专业知识 / 技能考评奖励

员工专业知识 / 技能考评奖励基数 500 元,根据员工专业知识 / 技能考评个人成绩占比,发放相应专业知识 / 技能考评奖励。

专业知识 / 技能考评奖励核算方式:

(1)个人成绩占比 = 个人考评成绩 / 部门总成绩

(2)专业知识 / 技能奖励 = 个人成绩占比 × 部门专业知识 / 技

能奖励基数总额

4.日常管理奖励

员工日常管理考评奖励基数500元，根据员工日常管理得分占比，发放相应日常管理考核奖励。

日常管理考评奖励＝个人日常管理得分占比 × 部门日常管理考评奖励基数总额

5.统筹个人缴纳金额

员工统筹个人应缴纳金额由部门承担。各部门应明确告知员工，实际工资为减统筹前工资金额，实发工资已代扣过个人统筹。

管理层工资政策如下：

一、管理层工资组成

管理层工资＝基础工资＋文化理念考评奖励＋应具备的能力考评奖励＋岗位补贴－统筹。

表7-3 管理层工资组成及占比

级别	级别工资	工资组成标准			组成占比		
		基础工资	文化理念考评奖励	素养能力考评奖励	基础工资占比	文化理念占比	素养能力占比
店长	50000	20000	20000	10000	40%	40%	20%
店助＋	40000	15000	15000	10000	38%	38%	25%
店助	35000	12500	12500	10000	36%	36%	29%
处长＋	30000	10000	10000	10000	33%	33%	33%
处长	25000	10000	7500	7500	40%	30%	30%
处助	18000	8000	5000	5000	44%	28%	28%
课长	12000	7000	2500	2500	58%	21%	21%
课助	10000	6000	2000	2000	60%	20%	20%
班长	7000	5000	1000	1000	71%	14%	14%

二、工资核算方式

1. 管理层基础工资

基础工资与绩效关联，基础工资 =50%× 销售完成比 +50%× 毛利完成比

完成比上限 110%，下限 100%。

2. 文化理念考评奖励

根据各级管理层文化理念考评总成绩，60 分以下（不含 60 分）取消此项奖励，60-70 分（不含 70 分）发放此项奖励的 60%，70-80 分（不含 80 分）发放此项奖励的 80%，80 分及以上发放此项奖励的 100%。

3. 应具备的能力考评奖励

根据各级管理层素养能力考评成绩，60 分以下取消此项奖励，60—69 分发放此项奖励的 60%，70 分及以上发放此项奖励的 100%。

在许昌、新乡这样的三线城市，一个店长每月工资 5 万，实在是令人瞠目结舌，而且，这还不包括分红、奖金以及各种福利。如果把这些都算上，店长的收入就更高了，于东来在一次讲话中曾经透露："就像胖东来 1000 平方米门店的店长，一年的收入是 60 万元；3000 平方米门店的店长，收入将近 100 万元；相关的一个高管年收入在 100 万到 200 万元；高层是一年 200 万元收入，含其他收入是 260 万元。"

在员工的工资组成中，还有一项非常重要的部分，即岗位补贴。在胖东来，每个岗位上的员工都有补贴，只是不同岗位的补贴标准有所不同。我们以超市部各岗位为例，如表 7-4 所示。

表 7-4 管理层工资组成及占比

岗位	岗补标准	适用部门
生鲜处员工	500	超市部各门店
分割师（一级）	2000	超市精肉课
分割师（二级）	1000	超市精肉课
刀手	500	超市鱼课

岗位	岗补标准	适用部门
冷冻冷藏低温区员工	500	超市部各门店
收银员	500	超市部各门店
服务台	2000	超市部各门店
电脑员	500	超市部各门店
验货员、装卸工	300	超市收货处
专职电工、消防员	1000	超市部各门店
安全员	500	超市部各门店
司机	1000	市内司机
司机	2000	市外、长途司机
后勤维修	500	超市部各门店
新闻编辑	500	超市部各门店
配送酒饮库、冷藏库	1000	超市配送中心
配送保洁	300	超市配送中心
高温补贴（6/7/8 月）	1000	外围保安、验货、看车、外围保洁、进货、送货司机、烤炉工、配送库区员工
高寒补贴（12/1/2 月）	1000	外围保安、验货、看车、外围保洁、进货、送货司机、烤炉工、配送库区员工
备注：岗位补贴可累加。		

除了高工资，胖东来的福利也非常优渥。胖东来官网上曾经发布过一份《爱的福利》，我们先讲一讲其中与钱有关的福利：

节日有福利——春节、中秋节，每个员工都会发放 200 元钱，以及丰厚的礼品。就连退休员工，也会收到胖东来的节日礼品。有一位胖东来退休员工曾经在网上分享自己在春节时收到的胖东来发来的坚果、果汁等六箱礼品，在视频中，她说："2007 年，我加入了胖东来，那时候的青春岁月都献给了这里。2020 年 9 月，正式退休，但胖东来对我的关心从未间断，每逢佳节，都能收到与在职员工一样的福利。胖东来从来没有忘记我，我真的很感动。"

结婚有福利——员工结婚的时候，可以根据工龄领取贺金：连续工龄满一年，贺金为 500 元；连续工龄满三年，贺金为 1000 元；连续工龄满五年，贺金为 2000 元；连续工龄满六年以上，贺金为 3000 元。

生孩子有福利——员工生孩子也可以根据工龄领到不同的补贴：在公司连续工龄满 1—3 年，可以获得 3 个月补贴，每月 500 元；在公司连续工龄满 4—6 年，可以获得 6 个月补贴，每月 600 元；在公司连续工龄满七年以上，可以获得 10 个月补贴，每月 700 元。女员工有补贴，男员工同样有补贴。

这样的福利还有很多，比如员工父母去世，工作满 3 年以上的员工能领到 1000 元的丧事慰问金；部分部门包吃包住，其他部门有 500—1000 的餐补；除了规定的五险一金之外，胖东来还为员工购买了重大疾病险。就连到胖东来面试的应聘者，都会收到一份贴心的礼物。

每一份付出都能得到回报，谁不愿意拼命干，谁不真心对顾客好？高工资、高福利的分钱机制使胖东来的每一个员工都非常愿意执行公司的各项制度与政策，更愿意努力为企业创造效益，因为公司的蓬勃发展能使他们从中获益，为企业创造价值就是为自己创造美好生活，如此就形成了一个正向循环的增长飞轮，正如于东来所说："商品越来越好，员工越来越幸福，顾客越来越放心，顾客越来越幸福，（生意越来越好），那你说这是不是良性循环了。"

自从胖东来火遍全国后，来找于东来请教、取经的老板越来越多，给员工涨工资是于东来分享的首要经验，他甚至还直截了当地说："如果你们不能下定决心把 50% 的利润分享给员工，那就不用到我这里学习了，就是学了也是白学！"

于东来曾经讲过一个案例：

有一家零售企业，生意不太好，但是也不亏钱。最大的问题是员工的流失率很高，这让老板很苦恼。于东来问他员工的工资是多少？老板回答：店长一个月 900 多块钱，员工每个月 500 多块钱（早期案例，工资普遍偏低）。于东来又问他有多少资产，老板回答说有 1000 多万。于东来笑了：你有 1000 多万还有什么苦恼的？如果你有 1000 多万还不开心，那你的员工一个月拿 500 块钱怎么开心，怎么活？于东来建议这位老板把门店赚到的钱拿出一半来分给员工，如果一家门店一年赚 10 万块钱的利润，就拿出 5 万来分给员工，店长分 50%，其他员工分其他 50%，这样大家的工资都能翻倍，就都觉得有奔头了。当他们觉得有奔头的时候，当然会更用心工作，企业也会越做越好。

这位老板接受了于东来的建议，后来企业果然发展得蒸蒸日上。

企业家对财富的格局，决定了企业的未来。格局大、肯分钱的企业家，一定会有越来越多的人愿意死心塌地地跟着干。如今，在胖东来，不乏百万富翁、千万富翁，但没有一个人离开于东来自己去创业，所有人都抱成团，在于东来的指挥下为了胖东来的未来努力奋斗。

有人说于东来是最慷慨的老板，他却说："这不是慷慨，对我来说，分享是一种快乐。我最希望看到的，就是创造财富的人享受财富……你给你员工吃草，你将迎来一群羊！你给你员工吃肉，你将迎来一群狼！"

要能干，也要会玩

提到"加班"，几乎每个上班族都心有戚戚焉。

在当下这个"内卷"的环境中，加班已经成了一种文化。在企业中，经常加班、废寝忘食的员工常常被当成榜样，这些人也总是最受老板的喜爱；相反，如果谁经常按时下班，就会被认为不够努力，不但自己不自在，领导也会侧目。"以经常加班为荣，以按时下班为耻"虽然没有写进工作制度或员工守则中，但无形中却成了支配员工行为的准则。很多管理者甚至用加班多少来衡量员工的敬业度，将其与员工的去留、加薪、晋升等紧密地联系在一起。于是，人们拼命加班，每天疲惫不堪，很多人用"吃得比猪少，干得比牛多，睡得比狗晚，起得比鸡早"来调侃自己的工作状态。

而于东来却说加班是不道德的，他曾多次怒斥加班文化：

"加班是不道德的，是无耻行为，人不能只是挣钱，还应该学会享受生活。在胖东来，你加班就是不行。你加班就是占用别人的成长机会，剥夺别人的时间。"

"作为企业，我们不仅要销售出色的商品，还要过上快乐的生活。而我们呢，整天像奴隶一样加班，以为这样能带来快乐。然而，我们不知道，加班让我们失去了许多美好的事物，让我们失去了对生活和工作的激情，而且还降低了我们的工作效率。"

在于东来看来，有些企业总是主张加班，其实员工加班也创造不了多少业绩，都是在磨洋工。相反，给予员工充足的休息时间，他们会更加珍惜工作，提高工作效率，从而创造出更多的价值。

曾经有人问精神分析学派创始人西格蒙德·弗洛伊德：怎样才能度过幸福而卓有成效的一生？弗洛伊德给出的答案是"爱"与"工作"。心理学家大卫·艾肯又在弗洛伊德的答案后加了一个词——"玩"。在他看来，"爱""工作"与"玩"共同构建了人生的金三角。

这个人生的金三角恰恰是于东来的经营与生活哲学。他在胖东来倡导"爱与自由"，更提倡员工"要能干，也要会玩"。

于东来对"玩"的重视，来自他对自身经历的深刻反省和对员工的深切关爱。他说："想想 1995 年我们刚创业的时候，每天都是从 7：00 到 22：00，以前就是想拼命工作，努力开店，完善这个企业，虽然换来的结果是可能也在进步，但的确对自己的健康和各方面的损害都比较大，这样太悲壮了。"

认识到这种工作模式所带来的巨大弊端后，2000 年左右，于东来开始在公司推行"半班制"，把一天的工作时间分成上午和下午两班，员工可以根据自己的班次进行轮换，两人一组合作完成一天的工作。这样，即使加上开店前的准备和闭店后的整理时间，每个员工的日均工作时间也被控制在七个小时以内。

2010 年，在生意最旺的春节假期，于东来却给员工放假 3 天，让员工踏踏实实过了个好年。到了第二年，胖东来干脆宣布从除夕到初四放假 5 天。这让周边超市的老板们震惊不已，毕竟，春节假期一天赚的钱比平时一周还多，他们纷纷嘀咕：老于是不是疯了？但于东来却将春节放假这一政策一直延续到现在。

2012 年，胖东来又开始实行一项新政策：旗下所有门店在每周二都闭店，即使遇到圣诞、元旦、国庆这样的销售黄金时间也不例外。胖东来成了中国第一家每周二闭店一天的零售企业。

有人问："为什么要让所有人都休息，让员工轮休，不是更好吗？这样员工可以休息，超市也能赚钱，一举两得。"于东来说："店员轮休和全员放假完全是两码事，员工在轮休的时候也不能完全放松，还会惦记着店里的事务，只有全部关店，才能让所有胖东来人的身心都彻底放松下来。"

2014年，胖东来的每位员工增加了一个月的年休假，此后，于东来不断给员工增加休假时间，到现在，普通员工每年的休假时间已经达到了140天，管理层的休假时间则高达190天。

在胖东来商贸集团微信公众号上，于东来分享："现在胖东来每天的上班时间是7个小时，如果按照8小时工作制计算，我们每周实际上已经实现了双休。双休日有104天，再加上年休假30到40天，以及春节5天闭店休息，胖东来的休假时间已经差不多达到了140天。除此之外，胖东来管理层已经实现了190天休假，而且收入不打折扣，并且，中层管理层配备奔驰，高管配备300多万豪车。"

2021年6月，于东来在胖东来官网的"东来分享"栏目里公开了胖东来《管理层休假标准》[1]：

管理层休假标准

为了让管理层更加懂得享受生命和生活的美好，理性健康地平衡好工作和生活，制定各级管理层休假标准，保证大家净心地投入旅行！脱离了固定的思维惯性和行为惯性，才能更好地审视自己的工作和生活状态！只有真正懂得生活、懂得生命，才能创造和分享幸福与美好，才能更好地给团队指导方向！同时也坚定地放权，信任、锻炼下属，培养和成就团队！会干会玩，实现胖东来人热情、轻松、阳光、健康、快乐的生命状态！

一、休假标准

---

[1] 新零售财经. 胖东来管理层休假标准公开，店长助理以上带薪休假90天 [EB/OL].（2021-07-01）[2024-05-28].https://baijiahao.baidu.com/s?id=1704056513900421000&wfr=spider&for=pc.

（一）店助以上（全年90天）

1.每月安排许昌地区以外的5天休假。

2.每半年安排20天中西部（新疆、甘肃、青海、西藏等）或国外的长途休假。

（二）处助、处长（全年60天）

1.每季度安排许昌地区以外的10天休假。

2.每半年安排20天中西部（新疆、甘肃、青海、西藏等）或国外的长途休假。

（三）课助、课长（全年40天）

1.每半年安排10天许昌地区以外的休假。

2.每年安排20天中西部（新疆、甘肃、青海、西藏等）或国外的长途休假。

二、休假要求

1.净心地投入休假，不因为担心工作或下属而接打工作的电话，放权由值班人员处理。

2.信任自己的团队，锻炼和成就下属，不交由其他部门代管或监管。

3.休假行程安排轻松合理，不赶时间、不赶行程，真正地休闲、感悟和享受。

4.严格遵守交通规则，注意好交通、餐饮、住宿、露营、健康、人身等各项安全，确保休假安全。

许昌市胖东来超市有限公司

2021年6月23日

2024年，胖东来还独创了一个特殊的假期——"不开心假"。只要员工不开心、不想上班，就可以请假，而且管理层不能不批，不批就违规了。之所以会设立这样一个假期，是因为于东来希望员工能够自由地决定自己的休息时间，让每个人都能在工作之余得到充分的放松和调整。他说："谁都会有不开心的时候，这是人之常情。但有趣的是，当我们真正拥有这种'不开心假'的时候，很多人反而会感到开心。因为这意味着他们得到了公司的理解和支持，感受到了工作和生活的平衡。"

除了充足的假期，胖东来还规定，员工每周必须跟父母吃一次饭，每年有 10 天假期要用于长途旅行。中高层管理者每周只许工作 40 个小时，下班后不许再用手机工作，每月必须带着家人出去游玩一次。

于东来希望员工们能寻找工作以外更美好的生活，在他看来，人生不只有挣钱，还有娱乐和享受。会娱乐、会享受的人，才能成为更好的人，拥有自由、健全的人格。

为此，从 2010 年起，每年的三四月，胖东来都会在许昌的灞陵桥举办为期两天的"胖东来员工嘉年华游园活动"。现在，参加这个游园活动的除了胖东来的员工和家人外，还有很多喜欢胖东来的顾客与市民，有时两天参与的人数超过 4 万人。于东来也会带着家人来参加，并且积极地参与到很多活动中。在游园会现场，遇到每一个人，于东来说得最多的一句话就是："玩得开心！"

有时，于东来还会亲自带队出去旅游。2023 年，胖东来团队在大西北团建的照片一夜火爆全网。在旅行中，于东来熟练地给员工烤串；吃饭端个大碗席地而坐；大家开玩笑地在他面前放了"两块钱"；游戏环节，他还给团队伙伴当"羊"骑……照片里，所有人都笑得那么开心。

零售行业非常注重坪效指标，但于东来却在许昌的胖东来生活广场和时代广场店，都留出了整整一层作为员工娱乐中心，而且是五星级酒店标准。娱乐中心的健身房配备了国内最好的硬件设施：跑步机、台球桌、按摩椅、麻将桌，光是台球桌，就有很多种，斯诺克、花式都能打。除了器械多，健身房还有私教，可以对员工进行一对一指导。员工们如果不想运动，也可以在娱乐中心休息，这里有专门供员工间休息的带床铺的房间，还有成排的宽大的按摩皮椅。于东来非常重视员工的提升，因此，娱乐中心还有专门的图书馆，书架上开放式地陈列着各种文学、生活、科技等类别的图书，员工们可以随意阅读。除此之外，他还准备了一间画室，供员工们涂鸦或寻找灵感。

如果说胖东来人性化的管理培养出了员工的高素质，那么，"能干也会玩"则最大化地提升了员工的幸福感，一家非凡的企业由此造就。

设立"委屈奖",做正确的事更重要

身在职场,受委屈并非新鲜事,甚至是在所难免的事。在集脏活累活于一身的零售业,辛苦和委屈更是家常便饭。身处服务行业最前线的员工,作为企业与顾客之间的纽带,每天都要与顾客进行直接互动,在尽力为顾客提供良好体验的同时,由于服务行业的复杂性、人际交往的不可预测性,有时难免会遭遇顾客的误解,甚至不公平的指责。

有多少餐厅服务员、银行柜员、超市工作人员,在面对顾客的指责甚至是责骂时,咬咬牙把满心的委屈咽到了肚子里,换上自己最熟悉的"职业微笑",以温柔的语气对顾客说:"抱歉让您感到不舒服了,这是我们的问题,我们会及时为您进行处理,您有什么要求也可以提出来,我们会尽力满足您的要求……"好不容易安抚好了顾客,他们还需要面对来自管理层的压力,轻则遭遇一顿严厉的训斥,重则面临严重的经济处罚,在某些情况下甚至还不得不为问题"背锅"。这些不公的待遇,给他们本就不易的工作增添了更多的艰辛。

在追求快节奏、高效率的职场上,"人格"和"尊严"似乎已经成了奢侈品,但胖东来却始终将这两个词视为企业文化的核心,非常关注员工的内心感受和情感体验。在于东来看来,员工与顾客之间不存在高低之分,都是平等的个体,不应该被简单粗暴地划分为"服务者"与"被服务者"。

于东来曾经分享过他去一家超市的经历,刚一走进门,超市的工作人员就对他连连鞠躬问好，这让他当即愤怒不已，"员工一点尊严都没有！他们把员工当人了吗？"他非常反对这种以牺牲员工人格和尊严为代价的服务方式，"看到员工往那一站，对顾客说欢迎光临，我心里就特别难受，那是一种践踏，践踏生命，践踏时光。"他认为，服务人员不应该卑躬屈膝，而是应该以平等、自信的姿态为顾客提供服务。

在胖东来，有一个特殊的奖项——"委屈奖"。"委屈奖"并不是倡导员工委曲求全、不追问是非对错，而是对那些在制止不文明行为、贯彻企业标准的过程中遭遇不公待遇的员工的一种特别的认可和支持。无论是顾客的无理投诉、言语辱骂，还是恐吓，胖东来都不会让员工独自承担，"委屈奖"就是胖东来为这些员工提供的安慰与补偿，根据事件的严重程度，奖金数额从 500 元到 5000 元不等。这个奖项的存在，让员工在受到委屈后有地方诉说，不良的情绪有地方托底。

行为的背后是文化，胖东来的"委屈奖"，正是对企业文化的传承和坚守——鼓励员工坚持做正确的事情，即使这可能会给自身带来一些困难甚至是麻烦。

在 2023 年 6 月发生的"顾客与员工发生争执事件"中，在第一次调查后，胖东来"对当事员工未满足顾客不合理诉求，制止不好的行为，受到顾客的指责，发放 500 元委屈奖"。

第二次调查时，考虑到顾客的辱骂被制作成视频在网上大量传播，给员工带来了严重的精神困扰，使员工的人格受到了极大的侮辱，胖东来对员工的奖励进一步升级："当事员工在正常工作期间受到了顾客的责骂与呵斥，并被录下视频发到网络上，对其造成了严重的心理伤害。虽然事件的起因是员工服务不到位，但在顾客权益受到损害时，顾客应该通过各种投诉渠道进行反馈，理性地解决问题，而不是在现场对员工大声呵斥指责，这是伤害人格以及尊严的严重行为！因此，我们给予员工 5000 元精神补偿。同时，我们倡导这个社会更加文明，人与人之间充满尊重、理解、友善与和谐！"

在危机公关的严峻考验下，大多数公司都会选择把当事人推出来"挡枪"，让其面对公众的质疑和指责。然而，这样的情形在胖东来是不可能发生的，即使面对巨大的舆论压力，胖东来也不会为了平息风波而强迫员工低头认错，而是始终坚守维护员工正当权益的立场，致力于保护每一位员工的人格与尊严。

通过辛勤的工作获得回报是理所应当的，而在胖东来，员工们不仅能获得物质上的奖励，还能获得更宝贵的回报——共情、理解和尊重。这份来自企业的精神层面的认可，是对他们工作的最高赞誉。

关于胖东来的员工，有人曾经好奇地问了这样一个问题："胖东来究竟是如何训练自己的员工的？为什么每个人的笑都是那么真诚动人？"

获得最多点赞的回复简单而深刻："因为他们在胖东来找到了归属，他们的笑容是发自内心的。"

人人都渴望得到尊重，人人都渴望被他人"温柔以待"，人人都渴望活得更加体面、更有尊严。正是因为被尊重、被理解，胖东来的每一个员工，无论身处哪个工作岗位，都会尽最大努力把工作做好。

负责保洁的大姐会在早上六点半就认真擦拭停车场旁边的栏杆，而胖东来九点半才开始营业，无人监管、无人催促，她依然像打扫自家客厅一样认真细致，只是为了"擦得干净"。

保安小哥会在暴雪的时候冒着雪为顾客的电动车清理积雪，会蹲下来为老人整理购物袋，会在顾客排队的时候贴心地送上热水。

他们不仅仅是在完成一项任务，更是在用心投入，用情服务，他们的每一分努力都是为了给顾客提供更优质的服务、创造更多的价值，因为他们知道自己的工作被重视，知道自己的付出被理解，知道自己的贡献被认可。

被善待、被关爱，让他们甘愿付出，乐在其中。

第八章

传道：授业解惑，让胖东来学得会

　　胖东来以独特的经营理念良性发展，通过完善自身、完美服务来赢得市场，走出了一条独特的零售业发展之路。这一行业标准体系就是于东来在这个过程中总结出来的，这也是第一次从领航者的视角对行业标准进行定义，对于零售企业乃至整个零售行业都很有意义。而他所辅导的种子班学员企业，已经亲身验证了这些标准的可行性。

　　"做商业一定要造福这个社会，不要总想着挣多少钱，要想怎样为这个城市带来美好，让它做活。"从这个角度来看，在当下这个零售企业尤其是超市零售企业寻求突破的时代，如果所有企业都能达到这样的标准，企业与员工、与顾客、与合作伙伴之间就会形成高效、良性的循环，从而产生无穷的正能量，进而为企业、城市、社会乃至整个国家带来持续不断的美好。

胖东来的属性是学校

胖东来是什么？提起这个问题，很多人会毫不犹豫地回答：是一家企业。但于东来却给出了不同的答案：胖东来不是一家企业，而是一所学校。

他说："希望胖东来能够像学校一样，采用一种公平、健康、真诚的经营模式，成为一个科学的涵盖文化、体制、标准、系统的运营体系样板，引领和推动社会向更加美好的方向进步，启迪和带动更多企业走向更加健康、品质、轻松、自由、幸福的企业状态与生命状态，让城市更美好、让社会更美好、让人类更美好。"

于东来深知，文化的影响和传播，远远大于企业规模的价值。因此，在胖东来做成行业标杆之后，他丝毫不吝啬于传授经验，他像一个布道者一样，无私地把胖东来的企业文化、经营理念、规则制度甚至供应商等分享给行业中的其他企业。

打开胖东来的官网或者胖东来商贸集团的微信公众号，我们会看到一个专门的模块——DL百科。DL百科包括专业知识、实操标准、客服标准、规章制度、考核方案等多个分类，一共有20950个词条，由1534人进行了155954次编辑，堪称超市经营全能指南。比如，在"专业知识"这个分类中，胖东来分享了《企业文化理念门店植入参考标准》，详细列举了企业在将文化理念植入门店时应该做什么、怎么做。如门店主要入口应张贴或悬挂三块牌子，内容分别是经营理念及欢迎拍照的提示、设备设施供应商名录、参访企业须知；概括类、大标识主要用于商场外立面、临近建筑体、卖场进口柱子、存包柜、公共区域的过渡；橱窗、文化墙、卷帘门、梯口、通道等位置可以具体放一句阐述性的语句；等等。而在"实操标准"这个分类中，胖东来则以视频的方式分享了馄饨岗位、服饰岗位、鞋包岗位、钻石岗位等不同岗位的实际操作流程与标准。这些知识与标准在其他企业通常是秘而不宣的商业机密，对同行更是要绝对保密，而胖东来却全部免费分享给大家。

胖东来火遍全国后，来自全国各地的超市经营者蜂拥而至，只为了探寻胖东来的经营秘诀。当他们走进胖东来后，惊讶地发现，在入口处的墙上赫然悬挂着一块黑色的牌子，牌子上写的是胖东来的设备设施供应商名录，上面详细说明了这家店铺所使用的设备、供应商名称、联系电话等。比如在胖东来新乡生活广场的入口处就有这样的一块牌子，上面列明了这家超市是由河南泰格装饰工程有限公司进行工程施工的，其冷链柜购自松下冷链（大连）有限公司和河南新亚电器有限公司，购物车购自旺众商用设备（上海）有限公司，厨房设备购自郑州汇能厨房设备有限公司，等等。供应商的联系人以及联系电话也清清楚楚地展示出来，只为了"方便同行交流学习，给大家帮助和方便"。

很多人怎么也想不明白，于东来为什么要将胖东来辛辛苦苦建立起来的知识系统公之于众，难道他不怕这些方法、标准被同行、竞争对手学去吗？

于东来还真不怕，他怕的是别人学不会。为了让胖东来学得会，于东来在胖东来官网里专门设置了一个名为"东来分享"的专栏，几乎每天都在这个专栏里发表自己对企业经营、人生意义的观点。

仅2024年3月16日一天，于东来就分享了六、七条感悟，其中，有对管理者的点拨与提醒："作为一个领头人或各级管理者，从内心深处对人或事的品质要有坚定的态度和习惯！这是保障轻松美好生活的基石！做到了，一切都是持续地在创造美好和享受美好的过程！失去品质等同于失去安全、美好和未来！我们每一个人认知到了、形成习惯，一切都是如此美好！""员工有违规行为的发生，一般都是直接管理者不作为而导致的，这样的管理者都必须严格处理的，如果是多次重复发生，说明这样的管理者不胜任此项工作是必须淘汰的！"

有对公司基本运营的思考："关于公司发展运行，制度就像文明国家法律一样是社会健康运行的根本！公司要保持健康稳定良好的运行，所以公司制度是每一个人从内心坚定认知的、从日常行为上自然体现出来的！……严谨乐观的工作态度和工作状态是每个胖东来人都要做到的，工作期间懒散敷衍的行为是杜绝的，这是保证公司安全运行的基石，一旦在自己身上发生，就会影响公司的经营质量和信誉，所以必须要付出很大的代价。制度上要人性化，但处罚也要保障到每一个人都非常重视并防止此行为的发生而产生遗憾的后果！所以各级管理人员要加强这方面的培训和管理、避免工作期间这些行为的产生，一旦发生不但对个人包括直接管理者都要承担相应的责任！"

他还入驻抖音，频繁和网友连线，为网友授业解惑，甚至做他们的心灵导师。有一位网友因为创业失败而负债无数，在连线时，他向于东来倾诉："大哥说活着就是要开心、快乐，为什么我不知道开心和快乐是什么？"于东来听完他的个人经历后，心平气和地给出建议："即使遇到再大的困难，也要心向阳光""负债几百万，但你的生命不值几百万""轻松地去生活，越轻松心越静"。

于东来经常说，自己每天都在瞎操心，因为太希望大家美好，太希望社会美好，所以总想跟更多人分享，不想看到人们失去自由，陷入痛苦。

但是，一个人的力量终究是有限的，这时，一个在于东来的布道之路上发挥了巨大作用的人出现了，他就是庞小伟。

庞小伟于 2000 年创办了联商网，这个网站是中国零售商业领域最具影响力的门户网站之一。从那时起，庞小伟就和零售业结下了不解之缘。

2021 年 11 月，庞小伟在许昌第一次见到于东来。在回忆第一次见面时，庞小伟说，"第一次（和于东来）见面，惊为天人，从来没有遇到这样的企业家，看到他就觉得'饱'了，有价值的东西太多。"[1]

庞小伟创业与投资多年，接触过的企业家很多，他还曾参与过湖畔大学的培训，听过马云、王石等人授课，但他觉得，于东来和他之前接触过的所有企业家都不一样。他认为，"世俗意义上，一家企业的成功，是要做大做强、制胜竞争，提高市场份额，最后走向 IPO 上市。但于东来做到的事，不是世俗意义上的成功，而是一套新的模式和价值观——企业家很轻松，员工很快乐，消费者很满意。大自然有多少物种？有蚂蚁，有猫猫狗狗，有豺狼虎豹，不是所有物种都要抢着去登珠峰。你如果是一个小动物，偏要去登珠峰，那要'死'的。换到商业上，登珠峰就是 IPO。100 个人可能只有一个人能做到，那这 99 个人终其一生老了躺在病床上，你说他是输了还是赢了？是肯定还是否定自己？胖东来给了另一条'王道'，就像大自然一样，所有人都有出路，都可以在自己的一亩三分地里做到最好，各美其美。"[2]

当时，庞小伟就萌发了一个强烈的想法：要把于东来"请"出来。

在庞小伟所写的文章《为什么联商要做东来商业研究院？》中，他解释了自己为什么会产生这样的念头：

每个时代有每个时代的智者，我觉得于东来就是我们这个时代的一位智者。

第一，于东来先生扎根于零售业，这真的是中国零售业的一桩幸事，

[1] 杨佩雯. 传道者于东来：上课很少讲商业，企业倒闭了依然很快乐 [EB/OL].（2024-05-24）[2024-05-30].http://app.myzaker.com/news/article.php?pk=66507437b15ec04c0b650717.

[2] 天下网商. 70 后投资人，掌管 10 个亿，最多的时间投资给了"胖东来"[EB/OL].（2024-04-03）[2024-04-30].https://baijiahao.baidu.com/s?id=1795293600101292385&wfr=spider&for=pc.

可以说，他是中国零售业的一块宝。东来的经营理念与思想对于各个行业都具有普适性，但尤其适合零售业，这是因为，零售业的从业者在实践层面更有体感，更能看得懂、学得会他的这些理念。零售是个大生意，而在当下这个阶段，中国零售业还比较粗放，有很大的提升空间，需要很多探索。毋庸置疑，胖东来的经营理念已经被证明是其中一种可行的解法。

其次，于东来就像一块璞玉原石，他对生命、对人生意义的认知，粗糙而真挚，透彻而自由，能够直入人心。他不是经过书本的熏陶或宗教的指引，而是从自己颠簸的人生经历中领悟的；他生长在传统的中国，又从西方文化中汲取养分。对智慧的体悟，任何人都有平等的机会，但确实是在河南许昌，孕育出了神奇的胖东来。

第三，与绝大多数智者有很大不同，于东来是一个实践者。很多有智慧的老师，通过讲课写书这样的方式来布道传道，主要为大家解决的是"知"的问题。而于东来先生自己就是一个行者，不仅"传道"，更重要的是他还"授业"，不仅胖东来企业的经营业绩斐然、顾客口碑极佳，经他指导的一批零售企业，都成长为中国非常优秀的区域零售商，比如洛阳大张、南阳万德隆、信阳西亚、湖北雅斯等。他不仅在思想上提升了他们的境界，在实践中也帮助他们建功立业。我还没有看到有企业家愿意这样指导、帮助他的同行。

正是因为看到了于东来身上的这些特质，庞小伟从此不遗余力地推动着于东来的"出山"，希望将于东来的思想传播给更广泛的人群。

但要想说服于东来并不是一件轻而易举的事，因为他喜欢自由，不喜欢束缚。为此，庞小伟先后两次来到许昌，和于东来进行深度交流，这才有了2021年12月的东来经营哲学私享会。当时，400多位来自全国各地大大小小零售企业的董事长、总经理及高管人员参加了这场私享会。

这次私享会是于东来第一次大范围地向行业内的企业家传道，会上，他分享了胖东来的企业文化、经营思想、运营情况、各门店概况、未来目标，以及员工平均薪资、休假制度等。

东来经营哲学私享会是庞小伟和于东来合作的起点，这之后，他们的合作更加紧密。

2022年，于东来与联商网共同创立了"联商东来商业研究院"，他们的初心是"推动美好企业经营理念在中国生根发芽，让企业家、员工和顾客更幸福，让社会向善向美"，庞小伟担任院长，于东来担任首席导师。同年，东来商业研究院启动"种子班"，共十个名额（最终选出12家企业），学员企业每年收50万学费，由于东来亲自为大家讲解胖东来人性化的企业文化、健全合理的机制体制以及卓有成效的运营系统，并以"小班制、互动性、探讨式"的方式进行辅导。

由于带种子班消耗了于东来大量时间和精力，让他感觉代价太大、不快乐，2023年10月，东来研究院又推出了"联商东来总裁班"，将名额增加至100个，价格降至10万元/人（第二期又降至3万元/人），只是不能再一对一辅导。

很多企业家是抱着学习经营技巧、赚钱方法的初衷来听课的，但于东来在授课时很少会讲这些，他的课程通常围绕着胖东来的核心理念爱和自由展开，更多的讲的是"道"，而不是"术"。

通过一次又一次的培训，于东来的商业思想被更多人了解，而作为承载了于东来经营理念的商业体，胖东来的口碑不断扩散，知名度越来越高。

虽然是首席导师，但于东来却不收一分钱的讲师费。庞小伟曾回忆起2023年在许昌举办中国超市周时发生的一件事：于东来讲了一天，胖东来团队忙里忙外，支持联商网做好会务工作，却分文不取。而且在晚宴时，他还反复对庞小伟说，抱歉，这么多人来听课，本应该由他来安排晚宴的。[1]

于东来不图钱，最大的心愿就是传播正确的理念，为山中迷路的人指引方向，带领更多人走向美好、自由和爱。在一次课程中，他曾解释为什么要做这个学院、这个课，"真正健康的企业、正确的企业应该是要造福人类。""我也希望更多的企业能真正地走在正道上，方向对了，你的方法才有用，方向不对再多的方法基本上都是灾难。"

[1] 庞小伟. 为什么联商要做东来商业研究院？ [EB/OL].（2022-06-16）[2024-05-30].http://www.linkshop.com/news/2022488721.shtml.

问诊开方，推动行业转型升级

2022 年东来商业研究院举办第一期"种子班"时，最初只准备招收 10 家学员企业，并且报名的企业需要通过材料审核、访谈面试以及最终评估。但因为能得到于东来的面对面授课，前来报名的企业纷至沓来。虽然收费不菲，但仅仅两天的时间，就有几十家企业报名。

经过筛选，最终于东来招收了 12 家学员企业，包括江西上饶嘉百乐、云南润兴万家、成都邻你生活、浙江丽水万家惠、青海一家亲、安徽六安绿篮子、广东清远满家欢、山东菏泽佳和商业等。这些企业有共同的特点——都属于区域型连锁企业，门店数量大多在几十家左右，有的靠菜市场生鲜起家。当然，最重要的是，都认可胖东来的价值观。如果一家企业眼里只有名和利，于东来会毫不留情面，"要不你别学了，我把学费退给你。"

这 12 家企业堪称于东来的"12 门徒"，对于这些企业，于东来不仅通过开班授课的方式分享自己的经营理念和心得，还亲自下场，如同医生治病救人一样给各个企业看病，问诊、寻因、开处方，再实地指导。

从 2022 年 6 月到 2023 年 4 月，于东来带领胖东来的高管团队，用了将近两个月的时间，行程一万多公里，走遍了分布在 10 个省份的 12 家企业。他们走访门店，考察物流，与基层员工见面，与中高层管理者开会，以至真、至诚、至爱之心，引导这些企业进行调整，并且让其他学员企业也全程参与调改过程，在实践中学习、成长。整个调改过程，于东来一直跟进落地情况，实时点评解惑。

在实地指导时，于东来总是对他们说，我们做任何事情，一定得有科学的方法，不能是靠自己的习惯、自己的想象和自己的理解去做事，一定要围绕着好的目标来展开。

什么是"科学的方法"呢？在于东来看来，调整一家企业，有一个底层逻辑，那就是"由人及事"："我们先解决人的问题，尽我们现有的能力，让大家愿意干。然后，我们再解决商品的问题，让我们的顾客愿意来合力消费，让顾客感受到合力带来的美好，让顾客信任，让顾客少跑路，让顾客更放心、更安全、更舒心，真正让顾客可以便利、轻松、舒展地去生活。"

于东来对江西上饶嘉百乐的调改就遵循着这样的逻辑。

嘉百乐成立于 2009 年，旗下共有 17 家门店。通过对嘉百乐的多次考察，于东来发现，这家企业从门店销售、商品结构到团队合作、顾客服务都存在一些严重的问题。但经营的问题可能只是表征，更深层次的问题还需要通过财务层面的望闻问切才能发现。

于是，于东来安排成都邻你生活董事长张晓彬、安徽绿篮子董事长张兵、甘肃新乐超市董事长李玲组成财务小组，对嘉百乐的财务进行深入调研。他告诉他们，"可能嘉百乐的老板自己都不知道企业的真实情况。"

事实的确如此。在这次财务摸底之前，嘉百乐从老板到高管都自我感觉良好，而几天之后，当财务调研使很多潜藏的问题浮出水面时，他们顿觉后背发凉。

联商网曾经对嘉百乐的高管团队进行采访，在采访中，他们对此毫不讳言。

嘉百乐集团董事长章林红说："以前做企业，我总想着今年做5000 万，明年做一个亿，后来能做五个亿，然后做十个亿。当然这个销售额跟利润还是挂钩的，总想赚得更多。但是回过头来看我们团队和员工的收入，很惭愧，真的很惭愧。"

嘉百乐商业总经理周山说："种什么种子结什么花，我们此前总是想做大，为了利益，为了占据上饶整个市场，根本就没从员工、顾客方面考虑。所以，当时代红利褪去，我们就变成了现在这个样子。"

嘉百乐集团总经理邵隆标说："我们之前也意识到自己有问题，只是把这个问题看轻了。而在东来哥的视角下，问题非常严重。哥当时讲的是，这企业再有三五年就完了。"[1]

病因找到了，接下来就要开方了。于东来给嘉百乐开具的处方令人震惊：从胖东来借调 3000 万资金，解决嘉百乐调改所需的资金问题。由胖东来超市总经理申红丽担任正总指挥，种子班企业青海一家亲超市董事长贾建全担任副总指挥，全体种子班学员企业共同参与，制定嘉百乐调改策略和执行计划，胖东来超市采购、运营、门店、财务等全套核心团队驻场指导。

又出钱又出力，于东来到底图什么？相信所有人看到这里心里都会产生这样的疑问。于东来是这样解释自己的初心的："第一个层面，不论结果好坏，首先从情感方面、朋友情义方面，这样就算有交代了，起码不遗憾。第二个层面，如果嘉百乐改好了，最起码对上饶这座城市来说，会少一点社会问题的风险。第三个层面，嘉百乐调改好以后，对上饶商业、对上饶老百姓来说，是一件福事。商品越来越好，服务越来越好，员工也有依赖了，也会推动上饶社会文明程度的提升，更加真诚、更加向善。第四个层面，对种子班这十多家学员企业来说也是一次难得的实操锻炼机会。让他们看到，一个健康的企业应该是什么样，进而从嘉百乐身上来反思自己，尽快自查自身存在的问题。"

一场轰轰烈烈的企业调改就此展开。

对于这次调改，于东来认为应集中火力从单店突破，打造样本，

---

[1] 联商网. 大爱义举——胖东来帮扶调改嘉百乐超市纪实 [EB/OL]. （2024-04-03）[2024-05-31].http://www.linkshop.com/news/2024516708.shtml.

然后以这家成功的门店带动剩余门店。嘉百乐在上饶市区总共有 6 家门店，万力店就是这 6 家门店之一，也是单店销量最高的门店，并且，嘉百乐的总部也设在万力店，因此，这场硬仗的第一战就选在了万力店。

第一件事是"调人"。调改之前，万力店的员工工资大多是每月3000 元左右，为了激发员工的积极性，让他们更有干劲，调改团队将基层员工的工资调整为 4000 元，上涨 30%；主管调整为 8000 元，上涨 100%；而店长则调整为 20000 元，上涨 70%。这一改，让员工们士气大增，干劲十足。正如于东来所说，"要想做企业，先把团队造好，根据自己的能力，把团队造好了以后，团队愿意干了，老板就省心了。"

接下来，是"调事"。先是调整门店布局，嘉百乐原来的门店设计对顾客很不友好，顾客必须沿着固定的路线一直走完全程才能付款。而新的调整以顾客为中心，在出口和入口处都设计了收银台，使顾客购物时更方便。同时，门店还去掉了各种各样的广告招贴，拓宽了通道，使整个卖场都变得更加整洁、通透、明亮。

二是优化商品质量。嘉百乐原来有 2 万个 SKU，为了赚取进场费和高毛利，还引进了很多三四线低劣商品，导致货品多而杂，质量得不到保证。调改团队一口气下架了 7000 个单品，对商品结构进行了重新梳理，然后按照胖东来的商品标准，重新引进优质品牌商品，同时引入胖东来自有品牌的各种爆款商品，使货品品质大幅度提升。

三是提升生鲜能力。生鲜是超市的重要品类，为了提升嘉百乐的生鲜能力，于东来让在生鲜方面有专长的"青海一家亲"团队对生鲜区进行调改。他们把嘉百乐的联营模式调整为直营模式，引进优质供应商，优化生鲜区的布局和陈列，调整毛利结构，加大试吃品尝力度，提高日清周转比例，使生鲜区焕发了生机。

四是调整营业时间。调整之前，嘉百乐各门店的营业时间是上午 8点到晚上 22 点，为了让员工得到更充足的休息，调改团队将门店的营业时间改为上午 9 点到晚上 21 点，个别门店改为上午 9 点半到晚上 21点 30 分，让嘉百乐员工真正体会到了胖东来文化中对员工的爱和尊重。

经过这一系列的调整，万力门店焕然一新，但这场仗远没有打完，还有非常重要的一步——挽回顾客的信任。过去的嘉百乐，因为价高质劣等问题，让顾客非常失望，为了重新获得顾客的信任，调改团队让嘉百乐向上饶消费者真诚致歉。同时，在整个调改过程中遵循以顾客为中心的原则对所有经营环节进行规划，并通过培训将胖东来的顾客服务理念和规范逐步导入嘉百乐团队。

在对万力店进行调整的同时，调改团队还对嘉百乐公司总部进行了大幅度调整，具体举措包括聚焦中心、关停区域外门店、暂停新店项目等，对管理、采购、销售、财务等各个方面进行全方位优化，系统地提升嘉百乐的经营能力。

要使企业摆脱经营不善的困境，重新进入良性循环，必须源源不断地为其注入正向的力量，同时摒弃一切拖慢脚步的消极因素。这就是于东来引领企业变革的关键智慧。

调改的效果立竿见影，仅仅一个月后，嘉百乐万力店的日均客流就从原来的 2200 人次增长到 5000 人次，日均销售额也从 20 万元提升到工作日 40—45 万元，周末突破 50 万元。而相比业绩的提升，更重要的是新的万力店，重新赢得了消费者的心，让他们心甘情愿地进行口碑宣传，这会让万力店持续向好。

有了万力店这个样本，调改团队又对嘉百乐恒基店进行了大刀阔斧的调整。只用了一周时间，就使恒基店的日均销售额从 12.5 万元提高至 22 万元，周末达到 25 万元，实现了翻倍增长。

于东来给嘉百乐动的这场"手术"，使嘉百乐脱胎换骨、涅槃重生，而更大的意义在于，为全国的零售企业提供了一个鲜活、详实的改造样本，从而推动整个行业的转型升级。

在这场长达两年的调整与改造中，于东来付出的不只是时间和精力。据于东来描述，他给嘉百乐改造补贴了 4000 多万元，前期 100 人后期 50 人的高管团队，在嘉百乐待了整整半年，全力推动改造进程，他们不仅吃住费用自己承担，更没有向嘉百乐提出任何额外的要求或条件。很多学员企业用"心底无私天地宽"来形容于东来，他真的担得起这样的赞誉。

除了嘉百乐，于东来还带领胖东来团队对其他种子班企业进行了调改，这些企业全都实现了正增长，其中有五家甚至达到了两位数增长。

重新定义行业标准

于东来希望更多的企业像这 12 家企业一样成为好的零售企业。在他看来，好的零售企业有健康、优秀、卓越三个层级，如图 8-1 所示。

项目	健康企业	优秀企业	卓越企业
员工收入（除社保实发）	4000 元以上	5500 元以上	8000-10000 元
员工流失率	15% 以内	10% 以内	5% 以内
周工作时长	40 小时以内	40 小时以内	40 小时以内
月休假	4-8 天	4-8 天	4-8 天
年休假	20 天带薪年假	20 天带薪年假	40 天带薪年假
春节休假	3-5 天	3-5 天	3-5 天
卖场环境	安全、便捷、整洁	安全、便捷、整洁、品质	安全、便捷、整洁、品质、品味
商品管理	满足民生以及时尚生活需求，提供一二线品牌商品；价格合理；便利店注重小单品，社区店注重小单品和中单品，仓储店注重大单品		
经营指标	至少 3 个点净利率	达到 4 个点净利率	达到 5 个点净利率

（续表）

项目	健康企业	优秀企业	卓越企业
管理价值	制度管理	文化管理	文化管理
顾客价值	放心、信任	融入顾客生活	提供精神价值

图 8-1 零售行业企业的三个标准[1]

对于这些标准，于东来有自己的理解：

（1）员工收入

这是企业运营的起点，其本质，是对人性的尊重。

当下，很多企业把压榨员工作为效率密码，要么是基本工资标准很低，员工要靠经常性加班、一岗多能或一人多岗才能拿到相对高些的收入；要么是工资标准很高，但考核多，要求高，工作时间很长，高收入经常要依靠时间和疯狂内卷来实现。还有一些企业，靠频繁地招新员工或雇用临时工等方式降低成本，美其名曰优化效率，从现实来看，这些都是很难长久的。

这些乱象的本质，都是企业漠视人性，对人缺乏尊重，最后的结果，一定是员工流失率特别高，企业不得不频繁地招人，企业的经营也谈不上稳定和品质。

于东来多次在公开场合强调，"工资太低员工不愿意干，不愿意干企业的制度和标准就执行不了。"他认为，就普通员工平均工资来说，企业即使没有能力，也要保持基本的健康标准，等企业经营好了，还要逐步提高。

如果没有好的收入，员工就没有工作的动力，就不会认真地对商品、

---

［1］联商网.什么是好的零售企业？于东来给出了 11 个标准 [EB/OL].（2024-05-15）[2024-05-31].http://www.linkshop.com/news/2024518180.shtml.

对顾客,顾客也就不会获得好的体验感,一旦出了超市的门就不会回头。所以,最重要的是要解决人的意愿问题,让团队愿意干。

（2）员工流失率

现在,一些企业每年的员工流失率在 80% 到 100% 之间,导致企业的人力资源部常年在招人,完全失去了其本应发挥的作用。于东来在其著作《美好之路》中提到:"人力资源部是干什么的? 是出台政策,制定标准,挖掘人的潜能,激发团队有更好的未来,而不是招聘。"

企业健康的流失率应该在 15% 以内,所以,好的零售企业必须大力降低企业人员的流失率。企业要在保障员工收入的基础上,根据自己的现状,建立科学的体制,要尊重团队、关爱团队、成就团队,只有这样才能实现团队的稳定,才能使企业保持健康。最根本的基础,是让每一个人都能对自己的工作、对自己的未来感觉到希望,感觉到信任。

当然,没有流失率也不好,员工会退化,干着干着都成老人了,没有活力。

（3）周工作时长

作为服务行业,超市零售业经常是别人休息,员工要上班;别人上班,员工也要上班,工作一直忙不完,管理人员甚至需要 24 小时待命,特别在移动化的今天。在很多企业,员工即使不在现场,心也经常被各种报表、会议、工作协调所缠绕,周末想陪陪家人、会会朋友,经常是奢望。

于东来认为,无论哪个行业,都应该梳理一下自己的战略,累了就停一停。员工上班的时间一定要合理,一周的工作时间,即便是老板也不要超过 40 小时,即每天不超过 8 小时,每周能休假 2 天。

在方法上,控制员工每周上班时间可以通过时间、人员的调整进行,如早上 8:00 到晚上 9:30,可以调整为早上 9:30 到晚上 9:00,平均到两班的时间,每天可以压缩一个小时,这样员工每周能少 5 个小时的工作时间。超出这个时间,就是不道德的,甚至是违法的。

员工只有懂生活,会生活,使生命处于舒展的状态中,才能在服务中感同身受，才能有更多的生活体验，才会有更大的创造力。

（4）月休假

每天、每周有标准，每月也是一样的道理。要通过这样的机制，让员工在工作时间就专注做自己的事情，下班了就拥抱快乐，舒心地享受属于自己的美好时光，科学地安排好工作和生活的时间，当然，做老板的要先从自己做起，让生活过得阳光、热情、健康、唯美。

（5）年休假

关于休假，在《劳动法》的约束之下，当前绝大部分零售企业都有自己的休假制度，但有些企业，当员工要休假时，却设置各种限制条件。也有些企业缺乏组织机制，由于人员高度精简，岗位也没有替代人选，所以员工休假严重不足。当然，更多的企业是员工工作任务过多，员工休假也休得不安分，或者休假时也要把工作做完，休假只是工作换了地点。

但于东来认为，如果我们的员工不幸福，我们做企业有什么意义呢？最重要的不是要挣多少钱，而是快乐一点，健康一点。

（6）春节休假

春节是万家团圆的日子，员工都有自己的家人、朋友，他们也希望那个时候开开心心、轻轻松松地与他们在一起。当前的社会产品已经极大丰富，随着社会消费方式和习惯的不断进步，零售企业要更多地在平时让顾客的需求得到充分满足。在春节期间，尽量给员工放3—5天假，让员工享受团圆，享受幸福。

（7）卖场环境

卖场环境要是美的，让顾客一进入卖场就感觉很舒心。

健康的企业，环境应该是安全的、便捷的、整洁的。各种基础设施应该得到全面的维护保养，让顾客购物感到非常便利，非常放心。

优秀的企业，应该加上品质要求。各种物料用具、设备设施要有质感，不能到处是低质的、拼凑的、脆弱的。

卓越的企业，在品质的基础上，还要有品味要求。比如加一些有设计感、艺术感和美学的东西，包括商品、灯光、陈列、道具、设备设施等，让整个卖场处于非常美好的状态。

店长和管理层要站在顾客的角度巡视卖场，感受他们的购物体验，这样才能发现更多问题，真正为顾客着想。卖场里叫卖的声音不能再有了，厂家做活动时，在卖场挂的和地上贴的活动广告等，能撤掉的也要撤掉，卖场环境要有品质。

干部带好团队，维护好环境卫生及硬件设施，安全有保障，做好商品，销售问题自然就解决了。

（8）商品管理

零售的价值和使命是服务民生，满足顾客生活需求。顾客的生活需求是什么？是商品。商品做得好，企业才有亮点，顾客才能满意，这也证明企业有能力。

商品的价值是物有所值，企业要坚定不移地优化商品，把质量不能保证的商品、不好吃的商品，全部下架。这样企业就会开始往好的方向进步。

企业即使没有自有品牌，也要优选品牌，优选供应商，不好的商品坚决不卖。零售最大的杀手是劣质商品，企业要卖的产品应该是顾客有认知的、值得信任的，最好是一、二线品牌商品。企业要走得更长远、更扎实，必须提升自己的选择能力、开发能力。

在商品选择上，企业千万不要和别人比，而应围绕自身的经营，根据顾客群慢慢优化产品，一步步培养顾客；也不要盲目引进进口或高价位商品，而是应先做好民生品种，将损耗控制在合理范围内，不要造成大的浪费。

便利店、社区店及仓储店，不同的业态，有不同关注的点，核心还是民生、品质和性价比。

（9）经营指标

企业要打造健康、幸福的团队，如果员工感到不幸福、不健康，团队就不能长久，企业也走不远。企业的净利率达到3到5个点，这才是健康的状态。如果达不到这个净利率，企业永远不是良好的发展状态。净利率连一个点都没有，那就放下，因为自己不具备这种能力，不放手的话不但伤害自己，也伤害员工、伤害社会。

（10）管理价值

文化是企业的灵魂，也是社会的灵魂，是指导企业做战略规划的准则，企业选择文化时，要看这个选择能够给企业带来什么。

文化是服务人性的，所以，优秀和卓越的企业，一定是依靠企业文化进行管理、体现管理价值的。而最基础的、基本健康的企业，也要靠制度进行管理，而不是单单地靠企业家个人来管理，那样企业家会很累，也会过得很不幸福。

胖东来的文化，选择的价值观是世界的、也是中国的，如共同富强、文明、自由、让人们生活更美满等，让每一个人得到尊重、感受到尊严，并且一直坚持这种科学的、理性的文化。

文化不应该只是写在墙上的口号，更是企业行为标准的依据，没有文化，就没有企业的方向，也没有企业的品质，更没有企业的幸福和未来。

（11）顾客价值

顾客价值是企业组织能力和价值的外显。健康的企业，要让顾客消费起来放心、信任。服务要实实在在，让顾客信任，做不到的不要承诺，承诺的必须做到，如果做不到，就要赔偿，不能让顾客失望。消费环境越来越健康，顾客的消费素质会越来越高。

优秀的企业，要融入顾客的生活，能够深入理解顾客的需求和痛点，提供有品质的产品和服务，同时能够与顾客建立情感连接，为顾客提供个性化体验。

卓越的企业，能够为顾客提供强大的精神价值，比如，让顾客获得身份的认同和归属感，启发顾客的思维，促进其个人成长；企业的产品能让顾客在社交中获得认可和尊重，感受到文化的魅力和心灵慰藉。就像胖东来，成了许昌人的骄傲，成了河南的名片，通过商业的载体，通过践行先进的文化理念，为社会创造了公平、民主、信任、友善、和谐的人文环境，温暖了一座城。

以上 11 个维度，涉及从内到外、从健康到卓越、从员工到顾客、从环境到商品等各个方面，立体、完整地表达了企业的价值标准。这一标准体系的底层核心，是企业家如何看待人性，如何看待员工。当企业把员工看成值得被尊重的、丰富的、自由的、需要爱与生活的个体生命，企业就会找到方法去激发他们。而其中最为关键的，是老板的自我觉醒，当老板产生改变的意愿时，企业的改变才会水到渠成。

胖东来以独特的经营理念良性发展，通过完善自身、完美服务来赢得市场，走出了一条独特的零售业发展之路。这一行业标准体系就是于东来在这个过程中总结出来的，这也是第一次从领航者的视角对行业标准进行定义，对于零售企业乃至整个零售行业都很有意义。而他所辅导的种子班学员企业，已经亲身验证了这些标准的可行性。

"做商业一定要造福这个社会，不要总想着挣多少钱，要想怎样为这个城市带来美好，让它做活。"从这个角度来看，在当下这个零售企业尤其是超市零售企业寻求突破的时代，如果所有企业都能达到这样的标准，企业与员工、与顾客、与合作伙伴之间就会形成高效、良性的循环，从而产生无穷的正能量，进而为企业、城市、社会乃至整个国家带来持续不断的美好。

"成为"胖东来

关于胖东来，一直流传着两个说法，一是"走不出河南"，二是"学不会"。但对嘉百乐等多家异地商超的帮扶，却让人们看到走出河南的另一条路径——输出经营理念，以新的行业标准重塑被帮扶的企业。沿着这条科学的路径，胖东来不仅是"学得会"的，更将有无数企业"成为"胖东来。

步步高就是率先"成为"胖东来的零售企业。

步步高商业连锁股份有限公司（简称"步步高"）[1]成立于1995年，当年王填夫妇东拼西凑了5万元启动资金，带领步步高从湖南湘潭起步，逐渐向省会长沙、湖南全省扩张，再向邻近的江西、四川、重庆等地拓展，使其一步步发展成为湖南最大的连锁商业超市。到了2002年，步步高门店已遍布全国，销售额突破10亿元，在"全国连锁百强企业"中排名第56位。2008年，步步高在深圳证券交易所上市，成为中国民营超市第一股，一时风头无两，当时的王填也可谓意气风发。

此后，零售市场进入高速发展时期，步步高由此持续保持高增长，2012年营收突破百亿元，2019年更是创下197.95亿元的营收高峰。也

---

[1]作者注：一提到"步步高"，很多人会想起生产点读机、学习机等产品，拥有OPPO、VIVO两大国产手机品牌的步步高，但本书所指的是1995年3月创立于湖南湘潭，主营连锁商超的"步步高商业连锁股份有限公司"。

是在这一年，王填喊出了"2024年底销售收入要超过500亿元"的雄心壮志。

然而，骤然来袭的新冠肺炎疫情，使线下零售业猝不及防地进入"寒冬"。步步高这艘巨轮也从此失控，发展态势急转直下。

2021年，步步高的净利润为 -1.84亿元，出现了上市十多年来的首次亏损。王填决定断臂求生，宣布退出川渝市场，关闭江西大量门店。

但这些举措并没有起到预想的效果，2022年，步步高的亏损进一步加深，净利润为 -25.44亿元，相比前一年下降了1281.40%，亏损金额超过了过去十年创造的净利润总和。步步高不得不收缩商业版图，将大部分门店关闭。为了自救，2022年年底，王填向国资求助，拿到了来自湘潭本地国资的20亿流动资金。

2023年初，随着湘潭国资大量资金的注入，深陷泥潭中的步步高暂时摆脱了资金短缺的困局。然而，危机并没有就此结束。尽管有了国资的强力支援，步步高仍然没能扭转亏损困境。7月，步步高被申请破产重整，2023年10月，湖南省湘潭中级人民法院裁定了步步高的破产重整申请。破产重整让步步高有所"回血"，这之后，步步高进入重整阶段，之前关闭的门店陆续恢复运营，但经营困难的状况并未得到改善，亏损仍在延续。

王填尝试了各种方法，疯狂寻找出路，但始终没有破解这一难题。在接受《经济观察报》采访时，他曾说："从去年（2023年）年底到今年（2024年）一季度，我们尝试了所有的促销手段，各种方法都用了，但结果并不理想，今年一季度超市的销售业绩未达预期。"[1]

困境之中，胖东来对嘉百乐的改造让王填看到了这个难题的新解法。

---

[1] 郑淯心．胖东来改造步步高 [EB/OL].（2024-04-13）[2024-06-02]. https://baijiahao.baidu.com/s?id=1796182581555336508&wfr=spider&for=pc.

2023 年年底，王填曾两次赶赴河南，拜访于东来，希望他能像调改嘉百乐一样对步步高进行改造。但于东来拒绝了，因为"这种计划是很累的"。当时的于东来全身心投入到对嘉百乐的调改中，实在是分身乏术。

不过，虽然没有答应改造，2023 年 12 月 12 日，在王填满含诚意的邀请之下，于东来还是去湖南走访了步步高在长沙、湘潭的门店，与步步高管理团队进行了短暂的交流。

2024 年 3 月，中国超市周论坛在许昌举办，王填携夫人一同参加了这次论坛，并于 3 月 28 日第三次拜访于东来，再次表达了希望他能帮忙改造步步高的愿望。于是，这一次，于东来终于决定接下这个重担。事后，在胖东来团队帮扶调改步步高门店启动会上，于东来解释说："这次确实是被王填打动了，一次又一次到许昌找我。"他还表示，"我要通过这次改造提振行业信心。"

说干就干，当天晚上，于东来就带领胖东来的高管团队、联商东来商业研究院种子班企业的相关负责人，与王填一起开会，就改造步步高进行商谈。中国超市周论坛结束的当天中午，于东来又带着七八位胖东来高管成员一起坐火车去长沙对步步高进行实地考察。

2024 年 4 月 2 日，胖东来团队对步步高门店的调改正式启动，和对嘉百乐的改造一样，这次调改也是由胖东来超市总经理申红丽担任正总指挥，青海一家亲董事长贾建全担任副总指挥，胖东来超市生鲜总经理徐锐则负责具体执行。此外，胖东来还派出了 20 人的高管团队全程参与，种子班学员企业也齐聚长沙，参与步步高的整改工作，为胖东来提供支持。

在对步步高的改造中，"调人"仍是第一步。在胖东来团队的建议下，步步高将员工的月薪从 3000 元左右提高到了至少 4000 元，并启动了新的招聘计划。根据步步高梅溪湖店于 2024 年 4 月 3 日发布的招聘信息，门店招聘的岗位包括肉类分割技师、生鲜销售员、非生鲜销售员、收银员、拣货员、保洁员等若干人。其中，肉类分割技师的月薪是 5000

至 6000 元，其余岗位均是月薪 4000 至 5000 元，均远高于长沙的行业平均水平。而店长月薪则提高到了 20000 元。为了让员工有饱满的工作状态，胖东来团队还将营业时间从上午 8:00 至 22:00，调整到上午 9:30 至 21:30。

调改先调薪，是胖东来团队的一贯传统。对人员薪酬体系和工作时长的调整，极大地提升了步步高员工的幸福感，让员工有了更高的工作热情。

在"调事"上，胖东来团队都做了什么呢？其实，改造的"配方"与嘉百乐相同，如将步步高门店的一些低价劣质商品淘汰下架，补充了大量一线品牌和高性价比的商品，并引入了很多胖东来爆款产品；重新梳理卖场布局，取消强制动线，打通并拓宽主副通道，去掉拥挤的堆头，优化卖场环境；优化采购渠道，过滤商品价格，保证实实在在的商品定价以及合理的利润；增加服务设施和项目，做好后勤维护；等等。

一套组合拳打下来，步步高就有了胖东来的味道，并且很快逆转了颓败的局势。

长沙梅溪湖店是胖东来团队"爆改"的第一家步步高门店，公开数据显示，4 月 14 日，销售额达到 101 万元，客流是 1.3 万人。五一假期首日，这家门店销售额更是高达 240 万，客流达到历史最高的 1.77 万人，被长沙网友戏称为"新晋 5A 级景区"。5 月份，该店平均日销 133.18 万元，日均客流 1.16 万人，实现总销售额 4128.66 万元（不含茅台销售），总客流 36.1 万人。而调改之前，步步高长沙梅溪湖店平均日销为 15 万元，日均客流 2000 人。两组数据对比来看，胖东来对步步高的调改效果可谓非常惊艳。

胖东来的"魔法"，又一次显灵。

步步高的"爆改"大获成功，让另一家深陷困境中的零售企业看到了希望，它就是永辉超市。

永辉超市与步步高的发展轨迹极为相似：2000 年，国内商超行业发生了巨大的变化，而张轩松借着国家大力推行"农改超"[1]政策的机会，在福州开了第一家以海鲜、农副产品为主营商品的永辉超市。永辉超市采取的是差异化竞争战略，在其门店，生鲜区所占的面积总是最大的，往往占据整个超市的50%—70%。为了确保生鲜商品的品质，张轩松还专门组建了一支采购队，抛开所有中间商环节，从源地直采商品，充分保障产品的新鲜度和低价。凭借着生鲜领域的独特竞争力，永辉超市成了超市乱战红海中的一匹黑马，于2010年在上交所成功上市。此后，永辉超市快速发展，到2020年，营收达到932亿元。

然而，其颓败之路也与步步高相似：从2021年开始，永辉超市的营收停滞不前，并且持续亏损。根据财报数据，2021—2023年，永辉超市分别巨亏39.44亿元、27.63亿元、13.29亿元，总计亏损高达80多亿。

更相似的是，其董事长张轩松也将于东来看成挽救危局的"解药"，希望胖东来团队的调改能救其于水火之中。

2024年5月30日，调改启动会在永辉超市郑州信万广场店举行，会上，于东来说，要用一年的时间让永辉超市回归健康状态，再用2—3年助其实现更好的发展前景。

永辉的未来，且让我们拭目以待。

据《每日人物》报道：在对步步高进行调改之前，于东来曾经和王填一起喝酒。酒至半酣，王填摇摇晃晃地站了起来，拉着于东来一起唱歌，高唱"心若在，梦就在，天地之间还有真爱"。这是一个能够被于东来称之为美好的场景：老友失意后，坦诚地借用歌词表达心声，愿意重新追求真心，追求梦想，追求爱。

而最终，如他们所愿，爱和自由如期而至。

---

[1]农改超是指将农贸市场改为超级市场，或曰"生鲜超市""农贸超市"的改革模式。

为社会种下爱的种子

管理学家詹姆斯·柯林斯在其经典著作《基业长青》中说，企业一定要有核心价值观以及超越赚钱的使命感，只有这样，才能做到基业长青。这种价值观和使命感来自哪里？正是来自造就、引领这家企业的企业家，正如于东来之于胖东来。

从 1999 年开始，于东来就思考如何做一个"伟大的人"，他的初心很朴素："那时候也没想着有什么太高大的系统，就是传播善良，希望更多的人更加友善，更加真诚。希望社会更加和谐，希望人们更加自由和幸福，更加甜蜜。"[1]

多年以来，于东来无时无刻不把"传播善良"牢记于心，外化于行。在国家需要的时候，在社会有难的时候，他总是挺身而出，倾尽其力。

1996 年，他远赴北京捐款造航母的故事，我们早已讲过，不必赘述。

2003 年，"非典"爆发时，于东来的生意刚刚走上正轨，但他一捐就是 800 万，还捐献了一大批支援物资。

2008 年 5 月 12 日，四川汶川发生了举世震惊的特大地震，于东来第一时间召开会议，呼吁员工参与救援。他一声号召，员工们纷纷报名，没有犹豫，当天，胖东来就组织起了一支 140 人的救援队。第二天，于

---

[1] 于东来. 我们不是卖仇恨和嫉妒，更不是卖贪婪和欲望 [EB/OL].（2012-11-26）[2024-04-27].http://www.sohu.com/a/770336403_117262.

东来带着这支救援队和物资千里迢迢赶赴灾区，配合救援组展开救援活动。在灾区，于东来的身影永远停不下来，灾区给他的回忆就是"太惨烈了，比想象中的要严重得多"，他不敢休息一刻，因为休息意味着可能会少救一条人命。他和他的团队一直坚持到救援的后期才返回许昌，他们从废墟中挖出了 16 名幸存者，为无家可归的老百姓搭建了300 多顶帐篷，协助政府疏散了从灾区撤退出来的 5000 多名受灾群众。除了组建救援队到灾区支援，胖东来还捐款捐物近 1000 万，这还不包括于东来自己的私人捐款。但尽管如此，于东来却仍觉得自己做得还远远不够。有一次，在浏览新闻时他看到有一个老乞丐捐出了自己辛苦积攒的所有积蓄，他觉得自己"不如那个乞丐，至少我没有把自己全部家产都捐出去"。

2010 年 4 月 14 日，青海省玉树又发生了大地震，当地伤亡惨重，于东来毫不犹豫地捐献了 100 万。

2020 年，新冠肺炎疫情爆发，胖东来率先向受疫情影响最严重的武汉捐款 5000 万。面对愈演愈烈的疫情，很多超市坐地起价，将大白菜卖出天价，受到了有关部门的重罚。而胖东来却在第一时间就向公众做出三大承诺：疫情期间，所有蔬菜都按照采购价（成本价）销售；尽最大能力，保障民生用品供应；稳固市场，绝不哄抬物价。于东来还宣布，凡是因为参与抗击疫情而牺牲的工作人员，公司会为其亲属发放至少200 万元补偿金；因疫情暂时不营业的部门员工，照常发放工资。

2021 年 7 月，河南发生了百年难遇的极端强降雨天气，胖东来 72小时内捐款捐物资超过 1000 万元。许昌、新乡也出现了大暴雨，胖东来为受灾群众和社区打开大门，免费提供水和食物，让市民避难。7 月21 日晚上，在新乡胖东来购物的顾客被困在了里面。胖东来的工作人员一看这种情况，马上为顾客发放面包、牛奶等食物，还免费开放美食城让他们吃上热乎乎的饭，并安排他们在餐厅过夜。夜深了，一些工作人员还拿着纸尿裤，挨个问带孩子的家长需不需要。到了第二天早上，他们又开始为顾客提供早餐。被困市民说，暴雨无情，胖东来有爱。

而于东来再一次冲在了抗洪第一线，他亲自带队驰援重灾区郑州、卫辉。他扛着救生圈连夜搜救，每天只休息 4 到 5 个小时，体力严重透支了才打个地铺原地休息。一张他满脸愁容、赤脚站在浑浊泥水中的照片，感动了无数人。但很少有人知道，那段时间，因为常常泡在水里，他的皮肤出现了严重的浮肿、爆皮。他还是那个他，不说辛苦，只做自己认为应该做、值得做的事。

于东来为社会种下了一颗爱的种子，他说，他用了 25 年的时间去培育它、浇灌它，无论多大的风浪，都始终坚持着。种下的是伟大的种子，结出来的一定是伟大的果实。

市场经济时代，商人比比皆是，但是，能称得上"企业家"的却少之又少，伟大的企业家更是凤毛麟角，因为伟大的企业家不仅在商业领域取得了辉煌的成就，更以造福人民为己任，用人性的光辉去照亮和温暖这个世界，甚至推动人类社会不断向更好的方向发展。

而一个伟大的企业家是如何成长起来的呢？通过对于东来人生经历的追溯与探寻，我们可以洞察到，每一位伟大企业家的成长，往往伴随着三种层次的境界升华：一是走出混沌，认知觉醒；二是问道求真，正念正知；三是无我利他，上善若水。

即使再伟大的企业家，在人生的早期也可能陷入混沌与迷茫中，于东来在年轻时也曾经走过很多弯路，如他所说，"早期的时候，我也不懂该如何对待生命，也会产生嫉妒、虚伪、贪婪这些人性的弱点。看到别人好，就想做得比别人更好，没有活出一个真正健康的生命。"但穿越混沌、摆脱无知与贪念的束缚后，他们终将迎来生命的觉醒，开始自我发现，开始认识到自己的使命与追求。

随着对自我、商业和世界认知的逐渐加深，企业家进入了问道求真、正念正知的境界。在这一时期，企业家已经积累了一定的物质基础，体验到了前所未有的物质享受。然而，物质的充裕并没有使他们满足，反而促使他们开始内省，成为思想的探索者。此时，他们开始审视自我，反思生命的意义和价值：人是为了自我实现而活，还是为了造福他人而活？

对于这个问题的选择，决定了他们的人生境界。如果对生命意义和价值的思考不能转化为对人类生存和发展的深刻思考，企业家可能会重新陷入混沌，囿于物质追求，难以向前迈进。而那些能够超越个人物质追求，将个人的成功与社会的进步联系起来的企业家，将达到更高的人生境界——无我利他，上善若水。

无我利他、上善若水是企业家的最高境界。处于这一境界的企业家，他们的视野不再局限于一城一池的得失，而是将个人的梦想、企业的发展与社会的进步、人类的未来相结合，以高度的社会责任感和人文关怀，引领企业成为推动社会进步的力量。

沿着这条路，于东来一步步成长为伟大的企业家，而伟大的企业家又成就了伟大的企业——胖东来。

大事记

1995 年 3 月　于东来向哥哥于东明借了 1 万元，和其他几名员工一起凑了 6 万元，在河南许昌市中心开了一家叫作"望月楼胖子店"的杂货店，这家店是胖东来的前身。

1995 年 9 月　望月楼胖子店向顾客做出了"用真品，换真心"的真诚承诺，在当时那个以次充好、假冒伪劣产品横行的时代，望月楼胖子店用高品质的商品与贴心的服务，赢得了顾客的青睐。

1996 年 3 月　于东来和哥哥于东明等人一起前往北京，想为造航母捐款，他们的事迹被中央电视台了解到，中央电视台对他们进行了采访并制作了专题片《三兄弟的故事》，节目播出后在许昌当地乃至全国都引起了强烈的反响。

1997 年　"望月楼胖子店"改名为"胖东来烟酒有限公司"，于东来提出了"创中国名店，做许昌典范"的口号，为企业明确了未来的发展目标。

1997 年 10 月 1 日　于东来成立"五一路胖东来烟酒中心"，在许昌开出第一家分店。

1998 年 3 月 15 日	一场突如其来的纵火案使胖东来望月店在刹那间化为一片废墟，这场惨案使于东来一度心灰意冷，但在河南老百姓的热心帮助下，于东来重新振奋起来，胖东来望月店也于同年 5 月 1 日重新开业。
1998 年 6 月 26 日	胖东来人民店正式开张。
1998 年 9 月 1 日	成立胖东来许扶店。
1999 年	为了使直采货物的中转更加便捷，也为了更快速地向各个分店配货，胖东来成立了专门的配送中心。
1999 年 5 月 1 日	胖东来综合量贩正式营业，这是"量贩"这种业态第一次出现在许昌，给许昌老百姓的购物提供了新的选择。
1999 年 9 月 19 日	胖东来名牌服饰量贩正式营业，这是胖东来旗下的第一个专业量贩，主营时尚服饰。为了方便顾客，名牌服饰量贩特意推出了免费干洗、免费熨烫、免费缝边等服务，使顾客在购物时无后顾之忧。
1999 年 10 月 1 日	成立胖东来新兴店。
1999 年 11 月 24 日	胖东来旗下的 7 个连锁店同时向顾客做出"不满意就退货"的承诺，从此之后，胖东来一直坚持这一经营理念，并不断完善其无理由退货方式。
1999 年 12 月 25 日	胖东来鞋业量贩正式成立。
2000 年 1 月 12 日	成立胖东来健康店。

2000 年 1 月 26 日	胖东来面包房成立。作为胖东来的第一个自有品牌，胖东来面包房备受顾客喜爱。
2000 年 1 月 29 日	成立胖东来毓秀店。
2000 年 3 月 1 日	于东来开始在胖东来推行股份制，让更多人享受到企业发展带来的收益。
2000 年 3 月 12 日	成立胖东来新许店。
2000 年 4 月 18 日	胖东来电器量贩正式营业，营业面积高达 1800 平方米，是当时河南南部最大的电器商场。
2000 年 5 月 23 日	胖东来官方网站正式上线，成为消费者与胖东来沟通的便利渠道。
2000 年 7 月 1 日	胖东来设立了一个前所未有的奖项——服务投诉奖，鼓励顾客投诉，以此倒逼自己不断提高服务质量。
2000 年 8 月 18 日	胖东来成立工会委员会，为员工利益提供切实保障。
2000 年 11 月 25 日	胖东来在超市行业率先推广可降解塑料袋，大力践行保护环境的承诺。
2001 年 4 月 12 日	胖东来的内部刊物《胖东来人》创刊号出版发行。
2001 年 5 月 1 日	胖东来举办第一届集体婚礼，参加集体婚礼的不仅有胖东来的员工，还有顾客。
2001 年 8 月 26 日	胖东来劳动店正式营业。

2001 年 9 月 1 日	胖东来人民店作为试点率先实施 24 小时营业制。
2001 年 11 月 3 日	胖东来建安店正式营业。
2001 年	胖东来与河南洛阳大张公司、南阳万德隆公司、信阳西亚公司成立"四方联采"机构,这几家区域性零售企业的联手不仅有利于降低采购成本,还极大地提高了各家公司的运营水平与市场竞争力。
2002 年 1 月 1 日	胖东来生活广场正式营业,总面积达 23000 平方米,是集购物、休闲、餐饮、娱乐于一体的大型商场。它不仅是当时许昌最大的大型综合超市,还在当年创造了 5 亿元销售额,为胖东来的发展做出了巨大的贡献。
2002 年 1 月 18 日	成立胖东来光明店。
2002 年 1 月 28 日	成立胖东来望田店。
2002 年 6 月 1 日	成立胖东来古槐店。
2002 年 9 月 18 日	河南省原省长李克强亲临胖东来生活广场进行考察,对胖东来为安置下岗职工再就业做出的贡献给予了高度评价。
2002 年 9 月 19 日	胖东来服饰鞋业大楼正式营业,占地面积达 8000 平方米,是当时许昌规模最大的服饰鞋类专业商场。
2002 年 11 月 19 日	胖东来公司成立了客诉服务中心,致力于提升客户服务体验。

2002 年 12 月	许昌市胖东来烟酒有限公司改名为许昌市胖东来商贸集团有限公司，这标志着公司业务的进一步扩展和多元化。
2002 年 12 月 6 日	胖东来通讯城正式营业，进一步扩大了公司的服务范围。
2003 年 1 月 3 日	胖东来提出新的愿景："世界的品牌，文明的使者"。
2003 年 5 月 16 日	胖东来东关店盛大开业，为当地居民提供了更多便利。
2003 年 11 月 29 日	胖东来广场医药部正式营业，为顾客提供专业的医药服务。
2003 年 12 月 19 日	胖东来高档服饰店正式营业，满足消费者对高品质生活的追求。
2004 年 7 月 3 日	胖东来向禹州华强电器有限公司注资 102 万元人民币，禹州电器正式营业，公司的业务范围进一步拓宽。
2004 年 9 月 10 日	胖东来营运部正式成立，这标志着公司运营管理的进一步专业化和系统化。
2004 年 12 月 22 日	胖东来向许昌市胖东来药业连锁有限公司投资 160 万元，这不仅体现了公司对医药行业的重视，也增强了公司的市场竞争力。
2005 年 8 月 20 日	胖东来西大街便利 01 店正式营业，为社区居民提供了更加便捷的购物体验。
2005 年 9 月 9 日	胖东来珠宝城盛大开业，为消费者提供了高品质的珠宝购物选择。

2005 年 12 月 26 日	胖东来迈出了外拓的重要一步，成功进军新乡市场，开设了第一家形象旗舰店"新乡胖东来百货"，这标志着公司品牌影响力的进一步扩大。
2006 年 4 月 26 日	胖东来六一店正式营业。
2006 年 4 月 28 日	由新许扶店改版而来的胖东来家居馆盛大开业，为消费者提供了更加优质的家居购物体验。
2006 年 5 月 18 日	胖东来电器城正式营业，进一步丰富了公司的电器产品线，满足了消费者对家电的需求。
2006 年 8 月 12 日	胖东来羽绒服正式营业，为顾客提供了冬季保暖的时尚选择。
2006 年 11 月 2 日	胖东来在 IGA 中国新成员签约仪式上成功加入 IGA 中国，这标志着胖东来在国际零售领域迈出了重要一步。
2007 年 3 月 30 日	新乡生活广场正式营业，为新乡市民提供了一站式的购物和生活服务。
2007 年 12 月 15 日	胖东来出版了企业文化宣传的重要书籍——《讲述胖东来和您的故事》上册，这本书不仅记录了在胖东来发生的暖心故事，也为胖东来员工的学习和做人树立标杆。
2008 年 8 月 8 日	胖东来将顾客服务投诉奖的金额从 100 元提升至 500 元，体现了公司对顾客服务的重视和对顾客反馈的尊重。

2008 年 5 月 13 日	在公司领导于东来的带领下，108 位胖东来员工迅速响应，参与到四川抗震救灾工作中，展现了企业的社会责任和人道主义精神。
2008 年 8 月中旬	公司成立了各项工作委员会，并开始制作岗位实操手册，这标志着胖东来在企业管理和标准化建设方面迈出了坚实的步伐。
2008 年 12 月 22 日	胖东来出版《讲述胖东来和您的故事》下册，为胖东来的文化传承和内部教育提供了宝贵的资料。
2009 年 4 月 25 日	胖东来时代广场正式营业，为顾客带来了全新的购物体验和生活便利。
2009 年 4 月 29 日	胖东来投资建设的爱心天桥正式投入使用，这座天桥极大地方便了附近居民和儿童的日常出行，保障了他们的交通安全。
2009 年 5 月 21 日	胖东来投入大量心血编撰的《胖东来指导手册》发放至每位员工手中，这本手册涵盖了工作、生活、学习、做人等多个方面的内容，为员工的全面发展提供了切实的指导。
2009 年 7 月 23 日	胖东来组织了第一届管理层 PK 赛，旨在提升管理层的专业能力和团队协作精神。
2010 年 4 月 19 日	青海省玉树发生地震后，胖东来慷慨解囊，向灾区捐款 100 万元，展现了企业的社会责任。
2010 年 5 月 1 日	胖东来职工活动中心正式建成，胖东来同时发布了《职工文体活动奖励方案》，旨在丰富员工的业余生活，提高员工的幸福感和归属感。

2010 年 6 月 1 日	全公司范围的技能大赛在许昌和新乡两地全面开展，明确了比赛规则和奖励的标准，激励员工提升专业技能。
2010 年 6 月 5 日	新乡胖东来成立了人力资源部，这标志着公司在人力资源管理方面的专业化和系统化。
2010 年 7 月	胖东来公司成立了安全委员会，进一步强化了公司的安全管理体系，确保了企业运营的安全性。
2011 年 2 月	胖东来公司为了激发员工的积极性并充分挖掘他们的潜能，在时代广场试点推行了星级评定考核制度，这一制度旨在通过明确的评价标准激励员工提升工作表现。
2011 年 3 月 31 日	胖东来开通急购热线，承诺在 5 分钟内响应顾客的紧急购物需求，这一措施显著提升了顾客的购物体验。
2011 年 4 月中旬	为了更好地为顾客提供服务、确保服务的高质量，胖东来制定了"做顾客的好参谋"服务制度，强调一切以顾客利益为出发点，为顾客提供其真正需要的商品，禁止强拉强卖等不良推销行为。
2011 年 5 月 1 日	胖东来开始执行《客诉补偿标准》，这一标准为商品质量和顾客服务提供了更高、更清晰的执行标准，增强了顾客的信任感。

2011 年 6 月	胖东来开通电器售后网络报修平台，这一平台极大地简化了顾客的报修流程，大幅度提高了售后人员的工作效率。
2011 年 10 月 19 日	胖东来在许昌举行了全体员工大会，在新乡举行了全体管理人员大会，加强了内部沟通和团队凝聚力。
2011 年 11 月	胖东来决定实施每周二闭店休息的政策，并在春节期间闭店五天，这一举措体现了公司对员工福利的重视，让员工有更多时间享受生活，保持身心健康。
2011 年 8 月 22 日	胖东来向许昌市胖东来有爱精制电子有限公司投资 100 万元，这标志着公司在电子领域的进一步拓展。
2013 年 4 月	胖东来创始人于东来宣布了一项重大决策，即在 2015 年退出新乡市场，并关闭当地的 2 家门店，引发了舆论的一片哗然。
2015 年 12 月 22 日	新乡胖东来百货如期关店，标志着胖东来在新乡市场的一次重要调整。
2016 年 9 月	在新乡市民的呼唤下，新乡胖东来·大胖开业，仅营业一小时，大胖就超负荷运转，为了确保顾客的安全和优质体验，于东来紧急宣布闭店，并亲自关门谢客。
2018 年 3 月 20 日	为了加强公司在超市业务领域的竞争力，许昌市胖东来商贸集团有限公司向许昌市胖东来超市有限公司投资 1900 万元。

2019 年 4 月 26 日   胖东来云鼎店正式营业。

2019 年 8 月 9 日   胖东来金三角店正式营业。

2019 年 12 月 6 日   胖东来许昌北海店正式营业，标志着公司在许昌地区的进一步深耕。

2020 年初   面对新冠肺炎疫情的严峻挑战，胖东来积极响应社会号召，向武汉捐赠 5000 万元，展现了企业的社会责任和大爱精神，成为公众关注的焦点。

2020 年 6 月 8 日   许昌市胖东来商贸集团有限公司向许昌市胖东来天使城商贸有限公司和许昌市胖东来天使城影业有限公司分别进行了 5000 万元和 500 万元的投资，这表明公司在商贸和影业领域寻求多元化发展。

2020 年 8 月 16 日   胖东来禹州店正式营业，这是公司在禹州地区的进一步扩张，以更好地服务当地市场。

2022 年   胖东来成功入驻新乡市忆通·壹世界商业项目，这标志着胖东来在新乡市商业版图的进一步扩张。

2022 年   在联商网创始人庞小伟的推动下，于东来与联商网合作成立"联商东来商业研究院"，庞小伟担任院长，于东来则担任首席导师，这体现了胖东来在商业研究领域的深入探索。

2022 年 10 月   胖东来产业物流园正式启用，为公司的物流配送和供应链管理提供了强有力的支持。

2023 年 1 月 10 日	胖东来天使城正式营业，吸引了大量顾客，显示出胖东来在商业地产领域的强大辐射力。
2023 年 6 月	胖东来产业物流园的中央厨房建成使用，进一步提升公司的餐饮服务能力和食品加工效率。
2023 年 6 月	在杭州举行的一次行业大会上，胖东来创始人于东来首次以舞台对话的形式亮相，与联商网董事长庞小伟就"心路"话题展开深入交流，并宣布将逐步退休。
2023 年 10 月 24 日	许昌市胖东来商贸集团有限公司经历了一次重要的工商变更。在这次变更中，包括王利增、常玉庆、袁雪玲在内的多名投资人退出了公司。与此同时，公司的注册资本也发生了显著变化，从原来的 7600 万元人民币减少至 5660 万元人民币，减幅达到了 25.5%。
2024 年 3 月 31 日	于东来亲自率团队前往长沙，做出了帮扶步步高的重要决定，4 月 5 日，门店调改工作正式拉开帷幕，这充分体现了胖东来在行业内的影响力和帮扶精神。
2024 年 5 月 30 日	永辉超市郑州信万广场店调改启动仪式在郑州信万广场举行，于东来发表讲话，表示胖东来团队帮扶永辉的目标是通过一年时间让永辉超市回归健康状态，再用 2—3 年助其实现更好发展前景。

参考文献

1.于东来.脚踏实地不赚快钱[J].现代营销(上旬刊),2016(12):56-57.

2.木刀.胖东来向善而生[M].台湾:台海出版社,2024.

3.于东来.美好之路:联商东来商业研究院首期学员班分享实录[M].北京:北京理工大学出版社,2024.

4.刘杨.觉醒胖东来[M].北京:中国广播影视出版社,2023.

5.王慧中.胖东来,你要怎么学[M].北京:龙门书局,2014.

6.杨霄.于东来:中原小商人制造的震撼"大爱论"[EB/OL].(2008-11-12)[2024-04-22].http://www.linkshop.com/news/2008102126.shtml.

7.张丽娜."神仙企业"胖东来为什么这么火?[EB/OL].(2023-12-09)[2024-04-29].http://www.ckxb.cn/qiye/20231209/26524.html.

8.于东来.胖东来于东来:做生意到底是为了什么?[EB/OL].(2012-11-26)[2024-04-27].http://www.linkshop.com/news/2012233636.shtml.

9.匆匆谈奇闻.回顾:胖东来老板于东来,捐款为国家造航母,央视上门拍纪录片[EB/OL].(2024-02-29)[2024-04-29].https://baijiahao.baidu.com/s?id=1792199262930580942&wfr=spider&for=pc.

10.刘言实语.许昌黑老大梁三不是98年火烧胖东来望月楼店的

凶犯，而是另有其人 [EB/OL].（2024-03-08）[2024-04-27].https://baijiahao.baidu.com/s?id=17929232703101791189&wfr=spider&for=pc.

11. 稻看胖东来.从人生触底到成功反弹，胖东来董事长于东来的成长故事 [EB/OL].（2023-11-13）[2024-04-30].https://www.sohu.com/a/735991663_120548298.

12. 红星新闻.河南许昌：不挂"A"的景区"胖东来"，如何孕育？[EB/OL].（2024-01-18）[2024-04-30].https://www.hntv.tv/50rd/article/1/1747813481704775682.

13. 胡斌.顾客9次虚假投诉胖东来获利7000元 [EB/OL].（2023-09-04）[2024-05-10].https://mp.pdnews.cn/Pc/ArtInfoApi/article?id=37626896.

14. 郭梓昊.销售价达8.5元！胖东来召回东北农嫂甜玉米，网友：国内企业快来"抄作业"[EB/OL].（2022-09-30）[2024-05-10].https://baijiahao.baidu.com/s?id=1745372885996988832&wfr=spider&for=pc.

15. 毛迎.胖东来又要退款了！[EB/OL].（2023-03-20）[2024—5-10].https://www.sohu.com/a/656874729_121119275.

16. 郭宝玉.四两荞麦面 [EB/OL].（2022-05-19）[2024-05-10].https://mp.weixin.qq.com/s?__biz=MzUzNzU3MTU4Ng==&mid=2247541696&idx=2&sn=d90b85a01942ef43b7b8d9a9e98df282&chksm=fae69badcd9112bb71cd51bc2370b49a53cf4170cffe11895f3fbae4431b800dc2e0ed1a49e2&scene=21#wechat_redirect.

17. 万军伟，杨霄.胖东来于东来：店不关了，只是有点儿心凉了 [EB/OL].（2014-10-23）[2024-05-23].http://www.linkshop.com/news/2014307636.shtml.

18. 聂敏.胖东来的经营哲学：只有员工幸福，顾客才会幸福 [EB/OL].（2023-07-21）[2024-05-24].http://www.linkshop.com/news/2023506672.shtml.

19. 丛龙峰. 从胖东来风波中，我们还可以学到些什么？[EB/OL].（2014-12-18）[2024-05-24].https://www.qykc.cn/398.html.

20. 中国企业家. 俗人于东来，最懂凡人心 [EB/OL].（2023-07-03）[2024-05-24].https://new.qq.com/rain/a/20230703A04E2E00.

21. 黄荣. 中小零售企业关店潮涌 胖东来不堪重负关店收缩 [EB/OL].（2015-12-07）[2024-05-24].https://www.163.com/money/article/BA83QQ8C00253B0H.html.

22. 乐居新乡. 胖东来闭店的前因后果，或将三败俱伤？[EB/OL].（2015-11-27）[2024-05-24].https://weibo.com/p/1001603913752759118389?sudaref=www.sogou.com.

23. 砺石商业评论. 马云与雷军都赞叹的胖东来，是如何炼成的？[EB/OL].（2023-02-08）[2024-05-24].https://baijiahao.baidu.com/s?id=1757226166944590975&wfr=spider&for=pc.

24. 乾行. 胖东来于东来怒斥"加班文化"[EB/OL].（2023-06-17）[2024-05-11].https://baijiahao.baidu.com/s?id=17623483631585138 24&wfr=spider&for=pc.

25. 宋家明. 四方联采：自愿连锁的烽火 [EB/OL].（2018-05-22）[2024-04-26].https://www.docin.com/p-1515409783.html.

26. 赵晓娟. 胖东来去年净利润 1.4 亿，超过永辉和大润发 [EB/OL].（2024-04-24）[2024-05-27].https://baijiahao.baidu.com/s?id=179721 0480788654689&wfr=spider&for=pc.

27. 何伊凡. 欢乐英雄于东来 [EB/OL].(2024-05-27)[2024-05-28].https://mp.weixin.qq.com/s/Ps8gF-AJWebBY_gEUovL6A.

28. 尹雅丹. 胖东来于东来，让天下没有难开的超市 [EB/OL].(2024-05-23)[2024-05-30].https://baijiahao.baidu.com/s?id=1799852827005473284&wfr=spider&for=pc.

29. 杨佩雯. 传道者于东来：上课很少讲商业，企业倒闭了依然很快乐 [EB/OL].（2024-05-24）[2024-05-30].http://app.myzaker.com/

news/article.php?pk=66507437b15ec04c0b650717.

30.天下网商.70后投资人,掌管10个亿,最多的时间投资给了"胖东来"[EB/OL].(2024-04-03)[2024-04-30].https://baijiahao.baidu.com/s?id=1795293600101292385&wfr=spider&for=pc.

31.庞小伟.为什么联商要做东来商业研究院?[EB/OL].(2022-06-16)[2024-05-30].http://www.linkshop.com/news/2022488721.shtml.

32.联商网.大爱义举——胖东来帮扶调改嘉百乐超市纪实[EB/OL].(2024-04-03)[2024-05-31].http://www.linkshop.com/news/2024516708.shtml.

33.联商网.什么是好的零售企业?于东来给出了11个标准[EB/OL].(2024-05-15)[2024-05-31].http://www.linkshop.com/news/2024518180.shtml.

34.郑渭心.胖东来改造步步高[EB/OL].(2024-04-13)[2024-06-02].https://baijiahao.baidu.com/s?id=1796182581555336508&wfr=spider&for=pc.